CHARISMA

Autor: Martina, Gleissenebner-Teskey
Umschlaggestaltung: Marlene Schaufler,
GRAFIK DESIGN studio marlene
Foto: Bigstock

Verlag: myMorawa, Wien

ISBN
978-3-99057-562-8 (Paperback)
978-3-99057-563-5 (Hardcover)

Printed in Austria

Martina Gleissenebner-Teskey

CHARISMA

Das 9-Wochen-Programm

Ich widme dieses Buch allen,

mit denen ich jemals in Berührung gekommen bin.

Ihr alle seid Teil von mir,

ihr alle habt mich zu der Person gemacht, die ich bin.

Und ich wohne in allen von euch.

Inhaltsverzeichnis

charisma

Der Begriff Charisma geht zurück auf die griechische Wurzel 'char' (willfahren, Gunst erweisen, beschenken, senden) auf der das Verb 'charitesesthai' (spenden, schenken) basiert. Die Substantivierung erfolgt über das griechische Ableitungssuffix 'ma', das damals zur Bildung von Hauptwörtern genutzt wurde, um das Ergebnis einer Tätigkeit zu bezeichnen – in diesem Fall das Resultat des Beschenkens. Es bezeichnet somit „eine Gabe, ein Geschenk, 'das jemandem zu Gefallen Getane', Güte, Liebenswürdigkeit, Gnade, Huld“ (Wikipedia, 2016)

Wien, 2015

Beiläufige Aufmerksamkeit. Ab und zu dreht sie den Kopf zur Seite, gespieltes Desinteresse. Sie sitzt aufrecht, entspannt. Ihre Schwanzspitze bewegt sich rhythmisch auf und nieder. Lange.

Und dann plötzlich der Satz. Nur einer. Präzise in der Ausführung. Klar in der Richtung. Voller Leichtigkeit. Und die Maus hat ausgespielt.

An diese Beobachtung – eine von vielen ähnlichen, wenn man mit einer Katze lebt - musste ich denken, als ich den Direktor der Wiener Staatsoper, Dominique Meyer, auf jener Diskussionscouch sitzen sah. In sich gesunken, gleichsam unbeteiligt, ein unscheinbarer Mann zwischen seinen Mitdiskutanten, die sich gegenseitig in ihren Wortmeldungen an Expertise zu übertrumpfen suchten. Keine Regung auf seiner Seite, verhalten freundliche Mimik. Und dann die Verwandlung:

Eine Frage wird gestellt und die unscheinbare Gestalt kommt nach vorne, an die Kante dieser unglaublich bequemen Couch – präzise, zielgerichtet, völlig ruhig, mit Leichtigkeit – und wir hören zum ersten Mal eine Antwort, die nicht nur auf die Moderatorin Bezug nimmt, sondern auf alles, was die Redner rechts und links vor ihm gesagt haben und was den Kern der Diskussion trifft.

Danach sinkt er wieder zurück, in die Tiefen dieses Polstermöbels, verschwindet – aber nur für den, der erst jetzt den Saal betritt. Alle anderen im Publikum warten nur noch darauf, ihn wieder sprechen zu hören und diese Verwandlung noch einmal mitzuerleben.

Monte Carlo, 2002

Wir waren wie in einer Blase. Und außerhalb die Welt. Nur er und ich. Bis zuletzt sprachen wir uns per Sie an, bis zuletzt bestand die kulturelle Distanz, und bis zuletzt bewegten wir uns in jedem Meeting in einer Blase, die die äußere Welt ausschloss. Und selbst, wenn an diesem Meeting noch andere Menschen teilnahmen, sobald er seine Aufmerksamkeit auf mich richtete, betraten wir unsere Blase der Ausschließlichkeit.

Diese Beobachtung teile ich mit vielen anderen, die mit Charismatikern zusammengetroffen sind. „In dem Moment schien nur ich für sie/ihn interessant zu sein.“ Die Ausschließlichkeit der Zuwendung, mit der wir als Neugeborene bedacht wurden – sie suchen wir Zeit unseres Lebens aufs Neue. Der innigste Wunsch jedes Menschen ist, GESEHEN ZU WERDEN. Nicht nur äußerlich, sondern als ganzer Mensch. Gesehen zu werden verleiht uns das Gefühl von Bedeutung.

Jene, die uns tatsächlich zu sehen scheinen, üben fast unwiderstehliche Macht auf uns aus. Das Gefühl, bedeutsam zu sein, das Gefühl, einen Sinn zu haben, beflügelt uns mehr als alles andere.

Toronto, 1993

Es war ein heißer Sommerabend, als eine Gruppe junger Mädchen in den Trainingsraum der Model-Agentur strömte. Ich hatte spontan den Kurs von einer Kollegin übernommen, die erkrankt war und legte damit, ohne es zu ahnen, den Grundstein für mein gesamtes späteres Berufsleben.

Allein, in jenem Moment war ich mir meines Glücks nicht ganz so sicher: einige Mädchen waren hübsch, andere weniger, und keines von ihnen hatte die Gabe der Ausstrahlung. Besonders eines erweckte meine Neugier, da es so ganz das Gegenteil eines Models zu sein schien – Typ „Graue Maus“, unauffällig, ohne Haltung, ohne Präsenz.

Binnen weniger Kursstunden schälte sich diese junge Frau aus ihrer Unauffälligkeit wie ein Schmetterling aus seinem Kokon, richtete sich auf wie eine Blume, der man endlich Wasser und Licht schenkt. Ich beobachtete diese Verwandlung, deren Grund ich selbst war, mit Verblüffung.

Das Geheimnis? Eine Kombination aus unbedingter Aufmerksamkeit und bewusster Körperarbeit haben das Strahlen in diesem Mädchen hervorgebracht. Was heute wissenschaftlich erwiesen ist, durfte ich damals real miterleben.

In all diesen Schlüsselerlebnissen gibt es ein Kernstück: Präsenz als Voraussetzung dafür, echte Verbindung aufzunehmen und sich in Beziehung zu setzen.

Präsenz als Voraussetzung für Charisma.

Nur wenn wir präsent sind, können wir uns in Beziehung setzen - mit uns selbst und anderen - und wahrnehmen, was „ansteht“, was gerade im Raum ist, welches Bedürfnis erfüllt werden soll. In uns und anderen.

Ich möchte Ihnen daher für Ihre Arbeit mit diesem Buch eine Leitidee auf den Weg mitgeben:

CHARISMA ENTSTEHT AUS BEZIEHUNG.

Beziehung mit sich selbst
Beziehung mit dem anderen.
Beziehung mit der Umwelt.

0 Das Charisma-Konzept

Das Thema „Charisma" begleitet mich schon ein gefühltes ganzes Leben lang. Als Beobachtung, als Studienobjekt und in Selbstausübung. 1996 habe ich das Charisma-Konzept als Seminarmodell und als philosophische Grundlage meiner Arbeit entwickelt.

Es basiert auf dem Grundsatz, dass jeder Mensch eine besondere Gabe hat, die nur er oder sie in die Gemeinschaft einbringen kann. Das kann, muss aber kein besonderes Talent sein. Unsere Gabe besteht schon in der einzigartigen Weise, wie wir uns der Welt zuwenden, wie wir sie erleben, interpretieren und wie wir mit ihr umgehen. Es ist vergleichbar mit dem Konzept der männlichen und weiblichen Seite: es ist eine mittlerweile wissenschaftlich dokumentierte Ahnung, dass sich Männer und Frauen auf unterschiedliche Art der Welt nähern, Dinge unterschiedlich sehen und interpretieren, und daher auch zu unterschiedlichen Lösungen kommen. Diese Unterschiedlichkeit erst macht die Zusammenarbeit von Frauen und Männern so produktiv. Beide Seiten bringen ihre ganz eigenen Sichtweisen ein und die Herangehensweise an Themen fällt dadurch umfassender und komplexer aus.

Das Charisma-Konzept nimmt die Besonderheit, die jeder Einzelne zum Ergebnis beitragen kann, in den Fokus. Als Ökologin leihe ich mir gern eine Analogie aus dieser Naturwissenschaft, um das Konzept zu veranschaulichen: wenn der „Haushalt der Natur" in Ordnung ist, dann bedeutet dies, dass jedes Element darin jenen Platz hat, an dem es optimal wirksam werden kann. In jedem noch so kleinen Ökosystem hat jedes einzelne Element seine Aufgabe, kann seine „Stärken“ einsetzen und ist von einzigartiger Bedeutung.

Das menschliche System – unsere verschieden organisierten Gemeinschaften – sind ebenfalls dann am gesündesten, harmonischsten und produktivsten, wenn jedes einzelne Mitglied seinen Teil dazu beitragen kann. Unser individuelles Gefühl der Sinnhaftigkeit wird umso größer, je bedeutsamer wir unseren Beitrag zur Gemeinschaft erleben. Die momentan erkennbare Radikalisierung etwa ist das Ergebnis eines zunehmenden Gefühls des Bedeutungsverlustes immer größerer Bevölkerungsgruppierungen. Jene, die am „Hunger nach Bedeutung“ leiden, sind umso anfälliger für Personen, die ihren Sinn gefunden haben und andere brauchen, um ihn in die Tat umzusetzen. Sowohl im Positiven wie auch im Negativen. Heute sehen wir die Auswirkungen individuellen Bedeutungsverlusts an vielerlei Brandherden über die Welt verstreut – nicht zuletzt in den USA, wo die Wahl Donald Trumps der Schrei vieler nach Aufmerksamkeit war. Der Wunsch „endlich gesehen zu werden“ macht Menschen schwach und verführbar.

Das Charisma-Konzept ist deshalb nicht zuletzt ein Ausdruck meines gesellschaftlichen und ökologischen Engagements, das mich seit jeher begleitet. Es gibt dem Wunsch, Menschen mit konkreten Methoden und mit Wissen dabei zu unterstützen, ihre individuelle Bedeutung für diese Gesellschaft zu finden und zu leben, eine klare Form.

Charisma wird hier also nicht nur, aber auch, als wünschenswerte Eigenschaft von Führungskräften gesehen.

0.1 Die 3 Ebenen

Dem Ziel der Wirksamkeit trägt der drei-stufige Aufbau des Charisma-Konzepts Rechnung. Was ich bereits 1993 in meiner Arbeit mit Models erkannt habe, ist heute mehr denn je Inhalt wissenschaftlicher Forschungen: das Gehirn und wie wir es benützen ist einerseits Quelle unserer Interpretation der Wirklichkeit, lässt sich andererseits aber auch durch rein physische Erfahrungen steuern und entwickeln.

Auf Aristoteles geht folgendes Zitat zurück:

„Seele und Körper wirken aufeinander ein. Eine Veränderung des Seelenzustandes bringt eine Wandlung der Körpergestalt hervor; und umgekehrt führt eine Veränderung der Gestalt des Körpers zu einer verwandelten Verfassung der Seele".

Dieses Wissen ist universal zugänglich und erschließt sich jenen mühelos, die aufmerksam durch die Welt gehen. Dank der jüngeren Forschung können nun aber auch die Skeptiker schwarz auf weiß nachlesen, dass unsere Muskeln so direkt mit den neuronalen Verschaltungen im Gehirn und mit unserem Hormonhaushalt verbunden sind, dass bewusste Veränderung und Weiterentwicklung nicht nur vom Geist her, sondern manchmal sogar viel effektiver vom Körper her gesteuert werden kann. Wir werden uns mit den Gründen dafür noch im Laufe des Buches beschäftigen.

Ein ideales Entwicklungskonzept verschränkt daher die geistige und die körperliche Ebene miteinander, sodass ganzheitliche Evolution stattfinden kann. Das Charisma-Konzept geht sogar noch einen Schritt weiter und ergänzt die Arbeit mit Geist und Körper um den Kommunikationsraum, jenen Raum also, in dem wir mit anderen Menschen in Beziehung treten.

Diese 3. Ebene ist besonders für das Empfinden von Ausstrahlung und Charisma wesentlich, weil diese Eigenschaften nur in Bezug auf andere erfahrbar werden. Im Kommunikationsraum geht es darum, zu bewussten Gestaltern von Beziehungen zu werden und damit Ihr ganzes Leben im wahrsten Sinne des Wortes „selbst-bewusst" zu gestalten.

Diese Ebene ist die Abschlussebene. Wo viele andere Charisma-Ratgeber anfangen, bei der Kommunikation nämlich, dort hört das Charisma-Konzept auf. Denn ohne Grund(-lage) ist jede Kommunikation oberflächlich und wirkungslos. Ohne Grund(-lage) werden Sie nie wirklich charismatisch sein. Und den Grund finden Sie zunächst in sich selbst.

Dieses Buch führt Sie lückenlos von einer Stufe zur nächsten.

Vertrauen Sie dem Prozess.

Er ist mehr als die Summe seiner Teile.

0.2 Die drei Ebenen im Überblick

Das Charisma-Konzept ist vergleichbar mit einer Spirale: sie ist in ihrem Kern fest verankert und dehnt sich von dort nach außen aus, beliebig weit, ohne jedoch je ihren Ursprung zu verlieren.

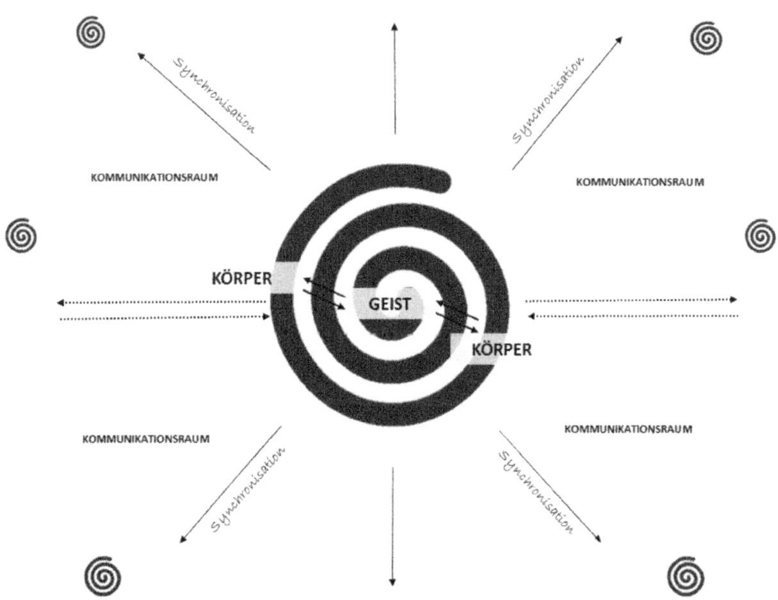

Das Charisma-Konzept

I. GEIST = Die Quelle

Der Geist ist der, der deutet und ist deshalb die Quelle unserer Realität.

Auf dieser Ebene richten Sie Ihren Geist auf Präsenz und persönliche Wirksamkeit aus. Sie werden sich Ihrer naturgegebenen inneren Kraft und Ausstrahlung bewusst, entwickeln Achtsamkeit dafür, inwieweit Sie Ihre (selbst geschaffenen) Lebenssysteme unterstützen und richten Ihre Aufmerksamkeit auf das aus, was Sie in sich stärken und in Ihr Leben ziehen wollen.

II. KÖRPER = Das Werkzeug

Auf dieser Ebene machen Sie Ihren Körper zu Ihrem besten Sparring Partner, zu Ihrem wichtigsten „Werkzeug“: Der Körper ist einerseits der ideale Ausdruck Ihres Geistes und wirkt anderseits konstant auf diesen zurück. Durch die zielgerichtete Arbeit mit dem Körper werden Sie Ihren Geist weiter stärken und einen kraftvollen Weg finden, um sich selbst auszudrücken.

III. KOMMUNIKATIONSRAUM = Der Treffpunkt

Auf dieser Ebene geht es nun darum, Menschen zu erreichen, zu „berühren“, auch ohne Körperkontakt aufzunehmen. Die leitende Frage ist, welchen Eindruck Sie kreieren, wenn Sie einen Raum betreten und was von Ihnen zurückbleibt, wenn Sie ihn wieder verlassen. Was sollen Menschen von Ihnen denken und vor allem „halten“? Wie wollen Sie, dass sie sich Ihnen gegenüber „verhalten“?

Sie werden Spuren hinterlassen.

0.3 Wie Sie mit dem Charisma-Konzept und diesem Buch arbeiten

1. Definieren Sie einen Tag pro Woche, an dem Sie das jeweils neue Wochenprogramm durchlesen und sich die Übungen erarbeiten.
2. Führen Sie dann die jeweiligen Übungen sofort durch oder probieren Sie sie aus, um sie dann in Ihre tägliche Routine einzubauen.
3. Konzentrieren Sie sich immer nur auf die jeweilige Woche, blättern Sie nicht vor, überspringen Sie nichts.
4. Legen Sie ein Tagebuch an und vereinbaren Sie mit sich selbst, für die nächsten 9 Wochen jeden Tag etwas zu dem, was vorgeht, zu notieren – und sei es nur ein Wort.
5. Vor allem sehen Sie dieses Buch als Inspiration und Wegbegleiter, Ihr eigenes Charisma aus der Hülle zu schälen und noch weiter zu stärken.

Treten Sie mit mir in Verbindung und nützen Sie verfügbare Online-Ressourcen auf www.charisma-concept.com

Genießen Sie den Weg!

Ich bin alles zugleich,

aber niemals werde ich alles zu gleicher Zeit tun

Egon Schiele

„Metamorphosis", Krassimir Kolev, 2016

1. TEIL

DER GEIST
=
DIE QUELLE

Zwei Schuhverkäufer werden nach Afrika geschickt. Dort sehen sie ausschließlich barfüßige Menschen. Der eine telegrafiert an sein Unternehmen: „Aussichtslose Situation. Hier trägt niemand Schuhe!" Der andere hingegen schreibt: „Grandiose Möglichkeit! Hier trägt niemand Schuhe!"

Der Witz liegt, wie so oft, in der Übertreibung des Alltäglichen. Wir müssen nicht in fremde Länder reisen, um dieselbe Situation anders zu deuten. Es reicht, wenn wir uns dem nächsten Menschen zuwenden und ihn um seine Meinung zu egal welcher Sache bitten. Alle, die in einer Partnerschaft leben oder Kinder haben, kennen dieses Gefühl, hier und jetzt jemandem von einem anderen Stern gegenüber zu sitzen.

Was hat das mit Charisma zu tun und vor allem, welche Rolle spielt der „Geist" darin?

Charisma wurde bis Anfang des 20. Jahrhundert immer nur im Zusammenhang mit übernatürlichen Kräften erwähnt. Bis Max Weber (Weber, 1921/22) seine drei Formen der Herrschaft entwarf, wovon er eine als „charismatische Herrschaft" bezeichnete. Er definierte „Charisma" als eine zugeschriebene Qualität, die eine Person quasi dazu verpflichtet, die Führung in einer (meist schwierigen) Situation zu übernehmen, weil ihre Anhänger sie für fähig halten, diese Situation einer für alle positiven Lösung zuzuführen.

Was hier in den Vordergrund tritt, ist eine ganz wesentliche Fähigkeit von Menschen, die wir als charismatisch empfinden: die Fähigkeit dort, wo niemand Möglichkeiten sieht, ebendiese Möglichkeiten zu sehen.

Lassen Sie sich das auf der Zunge zergehen, denn es ist essentiell für die Entwicklung Ihres eigenen Charismas:

Charismatische Menschen haben die Fähigkeit, in scheinbar ausweglosen oder verfahrenen Situationen neue Möglichkeiten zu sehen und die Kompetenz, diese Möglichkeiten auch entsprechend zu kommunizieren, sodass sie für andere erkennbar, denkbar und greifbar werden.

Wenn Sie nun an Menschen denken, die Sie als charismatisch bezeichnen würden: sehen Sie diese Übereinstimmung? Erkennen Sie das Muster?

Ich bin mir sicher, dass Sie nicht einen charismatischen Menschen kennen, der nicht ein „Träger von Hoffnung" ist und dieser Hoffnung auch mit einer gewissen Energie Ausdruck verleiht.

Ich habe dafür einen Begriff definiert, den ich dem Leitgedanken „Charisma entsteht aus Beziehung" zur Seite stellen will:

HOFFNUNGSENERGIE

Wenn Sie charismatisch wirksam werden möchten, dann müssen Sie zum Träger, zur Trägerin von Hoffnungsenergie für andere werden.

Um das zu sehen, was Hoffnung gibt und damit zum Träger von „Hoffnungsenergie“ werden zu können, braucht es zwei Voraussetzungen:

1. **Sie empfinden sich selbst als Gestalter und Gestalterin des eigenen Lebens.**

   Das bedeutet: Sie haben Kontrolle über das eigene Leben, können sich selbst und damit das eigene Leben bewusst entwickeln, können eingreifen, nehmen verschiedene Blickwinkel ein um neue Lösungen zu finden.

2. **Sie können hinter das Offensichtliche schauen, hinter das, was alle zu sehen scheinen.**

   Es ist die grundlegende Ressource für die eigene Hoffnung und macht uns zum Schuhverkäufer, der in den Barfüßigen eine Chance und nicht eine Niederlage sieht.

Im ersten Teil wenden wir uns also dem zu, der unsere Welt deutet und daraus unsere Realität macht: unserem Geist.

Nur wenn wir hinter das Offensichtliche schauen können, wenn wir erkennen, wo wir Opfer unserer eigenen Systeme und Gewohnheiten werden, wenn wir wissen, was uns stark macht und was uns wirklich wichtig ist, sehen wir, was in einer Situation noch möglich ist und welche Rolle wir darin spielen können.

Woche 1: Erkennen

„Wir werden als einzigartige Individuen geboren und zu angepassten Systemteilen erzogen."

Wir sind das Produkt unserer Anlagen, unserer Kultur, unserer Umweltbedingungen und aller Menschen, die je Einfluss auf uns hatten. Wir entwickeln uns konstant im Wechselspiel mit diesen Einflussfaktoren weiter und nachdem sie in der frühesten Kindheit auf noch fast unbearbeiteten Boden fallen, sind diese Einflüsse am prägendsten. Meist gehen Muster und Glaubenssätze auf Erfahrungen in den ersten 20 Lebensjahren zurück. Jede neue Erfahrung, oder auch nur die Vorstellung davon, wird entsprechend der bereits getätigten Erfahrungen kategorisiert. In der Neurobiologie werden diese eingefahrenen Wege „neuronale Autobahnen" genannt, die umso schwerer zu verlassen sind, je länger sie befahren wurden.

Es bedarf einer bewussten Anstrengung, die Realität, wie sie sich UNS darstellt, anders zu deuten. Denn so wie Menschen ganz unterschiedliche Aspekte in einer Situation sehen, sie ganz unterschiedlich interpretieren, so unterschiedlich ist diese Situation auch – allein, wir sehen sie immer nur durch unsere eigene Linse. Das hat einen Vor- und einen Nachteil.

Der Vorteil ist, dass wir wenig Energie verlieren. Wenn wir uns auf Autobahnen bewegen, sind wir schneller und verbrauchen darüber hinaus weniger Kraft(stoff). Der Nachteil ist, wir sehen nur einen Bruchteil dessen, was es zu sehen gäbe, wenn wir über Land führen. Sprich: je schneller wir sind, desto weniger Zeit haben wir, um Details wahrzunehmen, neue Entdeckungen zu machen oder Bekanntes aus einer anderen Perspektive heraus neu zu interpretieren. (Kahnemann, 2011)

In dieser ersten Woche geht es darum, sich (wieder?) die Freiheit zu nehmen, das eigene Leben zu gestalten. Es geht darum, sich der Systeme bewusst zu werden, in denen Sie leben, die Sie sich Ihren Glaubenssätzen, Ihren Einstellungen und Erfahrungen gemäß Schritt für Schritt selbst geschaffen haben und sie „nicht-wertend" wahrzunehmen.

„Nicht-Wertend" ist eine wesentliche Art der Wahrnehmung, wie wir sie das ganze Programm hindurch immer wieder üben werden. Denn Bewertung hindert uns, die Fülle unseres Selbst, aber auch einer Situation zu erkennen. Nichts ist gut oder schlecht, richtig oder falsch. Es gibt immer nur Aspekte, die uns in unterschiedliche Richtungen beeinflussen. Es geht darum, UNSERE Richtung herauszufiltern – egal, welche ursprüngliche Wertung wir oder die Gesellschaft ihnen beimessen.

Beispiel: Homosexualität. Hätte nicht irgendjemand gewagt, die Wertung, die gleichgeschlechtlichen Partnerschaften zugeschrieben wurde, zu hinterfragen, es würden noch immer viele Menschen in Unfreiheit leben und sich tagtäglich für ihre Neigung schlecht fühlen.

Beispiel: Gleichberechtigung. Wären Anfang des 20. Jahrhunderts nicht einzelne mutige Frauen für das Wahlrecht auf die Straße gegangen, weil sich ihnen entgegen des allgemeinen Werteverständnisses von Mann und Frau ein Gefühl der Ungerechtigkeit aufgedrängt hatte, wären wir auch im 21. Jahrhundert noch weit von gleichen oder zumindest ähnlichen Karrierechancen beider Geschlechter entfernt.

Wenn wir vorwärts kommen und unser vollständiges Potential leben wollen, müssen wir uns vor jeglicher Wertung hüten. Es geht immer nur darum, zu erkennen, was unseren Spielraum, was unser Potential vergrößert... was die Hoffnung vermehrt.

Nun werfen Sie ein, dass Sie sich Ihrer Spielräume völlig bewusst sind. Dass Sie immer schon out of the box gedacht haben, dass Sie erfolgreich sind, und das ist wieder ein Beweis für Ihre Fähigkeit, Ihre Spielräume zu nutzen...

Sie sehen allein an diesem Beispiel, wie schnell wir in einer Gedankenschleife landen. Lassen Sie uns deshalb noch ein bisschen dranbleiben und weiterdenken.

1.1 Gedankenspiele über Spielräume

Nehmen wir also an:

- Wir alle haben präferenzielle Wege (=Muster) entwickelt, wie wir von A nach B kommen (=wie wir Situationen und Umstände betrachten)
- je länger wir bestimmte Wege fahren, desto ausgebauter sind sie, ja, sie werden richtige Autobahnen
- Unser Sichtfeld auf alle anderen Wege und vor allem auf das, was sich außerhalb oder neben der Spur befindet, wird immer eingeschränkter
- Was einmal möglich war, wird plötzlich nicht mehr denkbar

Einfaches Beispiel:

1. Im Kindergartenalter möchte ein junges Mädchen „Bestimmerin" werden. Sie nimmt sich selbst als sehr talentiert, als lautstark und schnell wahr. Sie merkt, dass sie andere beeinflussen kann und die anderen Kinder sich ihrer Meinung gern anschließen oder sich hinter der ihren verstecken
2. In der Volksschule lernt sie, dass sie still sitzen, leiser sprechen und außerdem aufzeigen muss, wenn sie sich zu Wort meldet. Sie muss auch andere reden lassen und nicht sie entscheidet nun, sondern die Lehrerin.

3. Im Gymnasium kommt sie erstmals in Stress, muss viel lernen. Die Jungs sind rabiat und wild, die Mädchen passen sich an, sind ruhig und ordentlich und sie will definitiv zu den Mädels gehören. Sie wäre gern Klassensprecherin, hat aber das Gefühl nicht beides zu schaffen – gute Noten und Bestimmen gehen sich nicht aus und für gute Noten wird sie zuhause belohnt. Zusätzliches Engagement wird eher kritisch gesehen, weil es vom „eigentlich Wichtigen" abhält

4. Sie legt die Matura letztendlich auch mit Top-Noten ab und fängt dann sofort zu studieren an. Auch das in Mindestzeit und Top-Ergebnissen. Sie hat das Gefühl „Ich mache alles richtig!"

5. Sie tritt ins Berufsleben ein, arbeitet sich rasch nach oben, hat das Gefühl, dass nichts sie stoppen kann. Sie hat einen Freund, auch er ist fleißig und erfolgreich. Sie sind das richtige Power-Couple. Alles ist möglich und das Gefühl hält an: „Ich mache alles richtig!"

6. Sie heiratet ihren Traummann, gemeinsam kaufen sie ein Traumhaus und bald bekommt sie ihr Traumkind. Niemand sagt ihr, dass jetzt nicht mehr alles möglich ist. Aber sie richtet sich die Arbeit nach dem Mutterschaftsurlaub so ein, dass sie ihre Tochter um 18:00 von der Kinderkrippe abholen kann. Sie arbeitet mehr von zuhause und nimmt an Meetings nach 17:30 nicht mehr teil. Sie bleibt eher zuhause als ihr Mann, wenn ihre Tochter krank ist. Sie hat das Gefühl, das Kind kuschelt mit ihr ein bisschen lieber als mit Papa und das veranlasst sie, ihr die notwendige Kuschelzeit auch auf jeden Fall selbst zu geben.

7. Sie merkt, es belastet sie, sich um das Kind Sorgen zu machen und im Beruf Sorgen zu haben. Der Stress nimmt zu, die Lebensqualität ab. Ihr Mann sagt ihr, sie solle sich nicht so stressen, alles ist ok. Für ihn ist es ja auch ok. Aber sie macht sich trotzdem Sorgen.
8. Es steht eine neue Position offen, sie könnte sich bewerben, sie tut es nicht, weil allein der Gedanke sie stresst.
9. Es steht eine Position im Ausland zur Wahl. Früher hätte sie das immer gewollt. Nun tut sie es nicht, weil sie weiß, dass sie viele Sicherheiten aufgeben müsste und die Bedürfnisse ihrer Familie zu kennen glaubt, die einem Umzug im Wege stehen.
10. Nach außen hin macht sie alles richtig. In ihr jedoch wächst ein flüchtiger, kaum fest zu machender Gedanke, dass es falsch ist.

Sie können die Geschichte auch aus Sicht des Mannes erzählen. Ganz egal, wie sie angefangen hat, je dichter unser System wird, desto enger scheint unser Spielraum für Möglichkeiten zu werden. Tatsache ist, dass immer alles möglich ist, wir aber gerne die Verpflichtung selbst zu entscheiden, abgeben. Und das ist auch verständlich, denn je komplexer das Leben, desto mehr Kraft verlangen uns bewusste Entscheidungen ab. Desto mehr müssen wir uns unsere Spielräume verhandeln, erkämpfen, selbst nehmen. Da ist es um einiges einfacher, einer Spur nachzuleben, die wir kennen.

Nun gibt es zwei Möglichkeiten: entweder Sie leben in einem selbstgeschaffenen System der weiten Spielräume, in dem Sie Ihr Potential voll und ganz ausleben können. Oder Sie leben in einem selbstgeschaffenen System, in dem Sie nach außen hin zwar (erfolg)reich sind, nach innen hin aber spüren, dass es noch mehr oder noch anderes gäbe.

Für beide Fälle ist diese Übung wunderbar. Im ersten Fall werden Sie bestärkt weitergehen. Im zweiten Fall werden Sie ebenfalls - durch Erkenntnis bestärkt - weitergehen können.

1.2 ÜBUNG : MÖGLICHKEITSRÄUME WAHRNEHMEN

Ziel:

➔ sich des eigenen Potentials bewusst werden

Was Sie dazu brauchen:

✓ einen stressfreien Moment. Sie können dabei spazieren gehen, irgendwo bequem sitzen,... Sie brauchen *nichts* zu Schreiben.

Anleitung:

1. **Denken Sie an Situationen zurück, in denen Sie sich innerlich stark und frei fühlten.**

   Sehr oft können diese Situationen in Momenten eines Entschlusses liegen – z.B. wenn Sie sich entschieden haben,

einen bestimmten Job aufzugeben, eine neue Ausbildung anzufangen, umzuziehen, eine Beziehung zu beenden oder sich ganz für eine zu öffnen,...
Oft sind diese Momente auch bei der Ausübung von Freizeitaktivitäten zu finden: z.B. beim Ausüben einer bestimmten Sportart, Vereinsaktivitäten,...

Manchmal können diese Situationen aber auch schon länger zurückliegen – zu Beginn oder während Ihres Studiums/Ihrer Ausbildung, während einer Reise zu früheren Zeiten, in Schule und Kindheit,...

2. Visualisieren Sie diese Situation(en).

- Was hat Sie in dem Moment so stark gemacht?
  - War es eine Art zu handeln?
  - War es eine Art zu denken?
  - War es die Umgebung/ der Rahmen?
  - Waren es Menschen?
- Wo waren Sie?
- Wer war beteiligt?
- Wie waren diese Menschen beteiligt? (z.B. passiv, als „Zuseher", aktiv, in dem sie mit Ihnen gemeinsam gehandelt haben oder Sie in Ihrer Entscheidung unterstützt haben,...)
- Wenn Sie den Menschen beschreiben sollten, der Sie in dieser Situation waren, mit welchen Worten würden Sie das tun?
- Können Sie das Gefühl nachempfinden?

- Welches Bedürfnis hat Ihr Agieren in dieser Situation erfüllt? D.h. was hat Sie dazu getrieben, so zu handeln, sich so zu verhalten, wie Sie es letztendlich getan haben?
- Was war das Ergebnis?

3. **Und jetzt? Was hat sich seither verändert?**

Versuchen Sie die folgende Tage mit einem geschärften Bewusstsein für sich und Ihr System zu verbringen. D.h. treten Sie immer wieder bewusst aus sich heraus und beobachten Sie sich wie aus einer Vogelperspektive.

Werten Sie nicht, versuchen Sie zu verstehen, welches Bedürfnis, welche Glaubenssätze, welche Wertehaltungen hinter Ihrem Agieren stecken. Versuchen Sie einfach nur wahrzunehmen und zu verstehen.

Das gesteigerte Bewusstsein wird Ihnen automatisch ein Gefühl dafür verleihen, welches Verhalten Ihnen mehr Freiheit gibt, in welchen Situationen (Systemen) Sie sich freier fühlen, stärker und warum.

Beispiele:

1. *Sie sitzen beim Frühstückstisch mit der Familie – nehmen Sie diese Situation ganz bewusst wahr:*
   - **Beobachten** Sie: Wie verhält sich diese Person, die SIE sind? Sitzt sie am Tisch und spricht angeregt, lächelt sie, hört sie zu – Augen und Ohren ganz bei ihrer Familie – oder versucht sie mehrere Tätigkeiten unter einen Hut zu bringen – zuhören, essen, Smartphone-checken,...?

- Welchen **Eindruck** macht dieses Verhalten auf Sie? Ruhig, entspannt, freudig, aufmerksam, gestresst, voller Energie, müde,...?

Erst jetzt treten Sie in sich selbst zurück und versuchen das Gefühl zu erfassen, welches Sie gerade **empfinden**:

- Fühlen Sie sich entspannt und positiv aufgeladen in diesem familiären Frühstücksmoment?
- Fühlen Sie sich gestresst?

Urteilen Sie nicht. „Das tut mir nicht gut." Oder „Das ist der beste Moment des Tages für mich". Nehmen Sie einfach einmal wahr, ohne zu bewerten, ohne sofort Lösungen zu erdenken, ohne irgendetwas zu verändern.

2. *Sie kommen an Ihren Arbeitsort, betreten die Büroräumlichkeiten, gehen durch die Korridore, zu ihrem eigenen Arbeitsplatz:*

   - **Beobachten** Sie: Wie ist Ihre Haltung? Wie Ihr Schritt? Schauen Sie sich um? Grüßen Sie die Kollegen, Ihre Chefin? ...
   - Welchen **Eindruck** bekommen Sie, wenn Sie diesen Menschen, der Sie sind, betrachten? Ist das eine Führungsperson? Ist er/sie kompetent? Entspannt? Schüchtern? Sympathisch? Zurückhaltend?...
   - Nun treten Sie wieder in sich hinein und versuchen das aktuelle **Gefühl** festzumachen. Wie fühlen Sie sich, wenn Sie

so durch dieses Büro gehen? Fühlen Sie sich inspiriert, angenehm gespannt, was vor Ihnen liegt? Fühlen Sie sich gelangweilt? Ist das Angst?

Auch hier geht es einfach einmal darum,

- ✓ diese Situationen bewusst wahrzunehmen und
- ✓ sich selbst in der Situation wahrzunehmen.

BEWUSSTSEIN ist der erste Schritt.

Noch eine Anmerkung zum Thema „Bewerten"

Seien Sie sich bewusst, dass all unsere Entscheidungen volle Berechtigung haben. Wir entscheiden, um bestimmte Bedürfnisse zu erfüllen. Manchmal geht es aber auch um die Erfüllung von Bedürfnissen, die in Wirklichkeit keine mehr sind – wir haben uns nur zur Angewohnheit gemacht, sie zu erfüllen.

Zum Beispiel das Bedürfnis, beschützt zu werden aus einem Gefühl der Schwäche heraus. Das kann in der Kindheit vollkommen richtig gewesen sein, weil man das jüngste oder zarteste in der Reihe von Geschwistern war und deshalb von der älteren Schwester beschützt wurde. Das **Gefühl** der Schutzbedürftigkeit und das **Bedürfnis** nach Schutz können so stark zur Gewohnheit geworden sein, dass man später die Gewohnheit nicht mehr vom echten Bedürfnis unterscheiden kann und immer noch darauf wartet, dass jemand für einen das Wort ergreift, anstatt für sich selbst zu sprechen.

Oder – so absurd es erscheinen mag – das Bedürfnis danach, immer wieder bei Null anzufangen, weil man in der Kindheit durch häufige Umzüge immer wieder vor die Aufgabe gestellt war, sich an einem neuen Standort ein neues Leben aufzubauen. Wenn diese Zeiten erfolgreich bewältigt wurden, kann gerade mit solchen Situationen des Neuanfangs ein Gefühl der persönlichen Macht verbunden sein, das man auch im späteren Leben immer wieder unbewusst sucht und sogar aktiv herbeiführt. Eine Serie von Projekten ohne Abschluss könnte etwa das Ergebnis dieser Suche sein.

Kurz gesagt:

Hinter den Systemen, die wir uns durch unsere Entscheidungen aufgebaut haben und die wir tagtäglich am Leben erhalten, stehen entweder echte Bedürfnisse oder Bedürfnisse, die zu Gewohnheiten geworden sind. Nur wenn wir uns ihrer bewusst werden, können wir aktiv mit ihnen leben, anstatt uns „leben zu lassen“.

Die Anpassung zu verlassen, braucht Mut. Charisma braucht Mut.

„Was anzieht, ist immer das Lebendige“

Erich Fromm

...und nicht das Angepasste.

Was sehen Sie?

Glauben Sie, dass diese Figur nur das zeigt, was Sie auf den ersten Blick sehen?

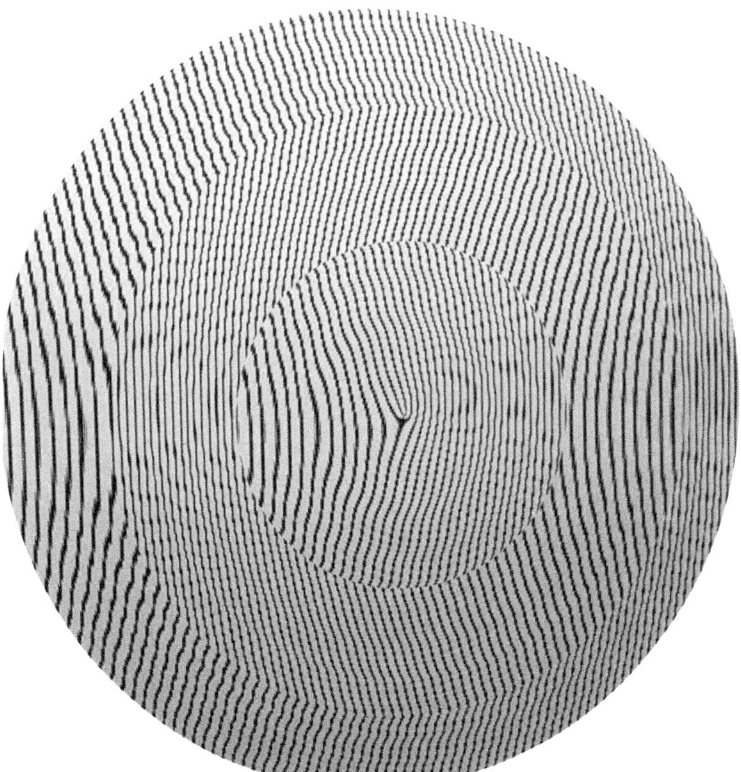

Keineswegs! Wenn Sie ein längs liniertes Blatt darüberlegen, zeigt sich die die folgende Figur. Ein Sinnbild für die Tatsache, dass das Potential, das in etwas steckt, viel größer ist, als es auf den ersten Blick erscheint. Versuchen Sie, hinter die Dinge zu sehen!

Coriolis force, nach Takahiro Kurashima

Woche 2: Erwarten

Wir sehen die Dinge

nicht so, wie sie sind,

sondern wie wir sind.

Anäis Nin

Was erwarten Sie sich eigentlich von diesem Buch? Inspiration? Anleitung? Kraft? Rezepte?

Ganz egal. Denn was auch immer Sie sich erwarten, Sie werden es bekommen.

Wenn es thematisch passt, arbeite ich in Seminaren mit einer List, um auf jeden Fall erfolgreich zu sein: ich bitte die Teilnehmer und Teilnehmerinnen im Rahmen der Vorstellungsrunde, selbst ihr (fiktives) Tageshoroskop im Zeitungsstil zu verfassen und vorzulesen. Ich habe noch niemanden erlebt, dessen Horoskop schlecht ausgefallen wäre. Ab und zu ist von Hürden und schwierigen Situationen die Rede, aber sie dienen immer dem persönlichen Fortschritt und können überwunden werden, wenn sich die Person auf Neues einlässt.

Und genauso verläuft dann der Tag. Die Teilnehmer bekommen immer, was sie sich erwarten.

Sie bekommen, was sie sich erwarten, nicht deshalb, weil ich mein Programm umstelle, sondern weil sie selbst ihren Geist, ihre Aufmerksamkeit auf die Erfüllung ihres Horoskops – das heißt auf die Verwirklichung ihrer Erwartungen - gelenkt haben. Sie werden sich automatisch und unbewusst so verhalten, dass sie Recht behalten.

Das kann auch bedeuten, dass sie an einem bestimmten Punkt etwas einfordern, um all das zu bekommen, was sie sich erwartet haben. Es geht also nicht nur um „Gedankenkraft", die die Wirklichkeit anzieht, sondern um ganz konkrete Handlungen, mit denen sie ihre eigene Wirklichkeit kreieren. Das Wichtigste aber ist das POTENTIAL, das durch das Horoskop versinnbildlicht wird: die Teilnehmer und Teilnehmerinnen gestehen sich zunächst die Möglichkeit zu, dass etwas Bestimmtes Realität wird. Würde im Horoskop stehen, dass sie nichts lernen und nur mit Bekanntem gelangweilt würden, würden sie auch das bekommen.

So einfach ist es. So einfach könnte es immer sein.

2.1 Wirklichkeit = Potential

Bevor Sie meinen, dass wir nun ins Esoterische abdriften, lassen Sie uns einen kleinen Umweg über die Quantenphysik machen.

Es ist eine Erkenntnis der Quantenphysik, die da lautet: **Realität ist nichts anderes als Potential**. Das heißt, dass es an jedem beliebigen Ort zu jeder belieben Zeit eine Vielfalt von Möglichkeiten gibt, wie sich die Realität entfaltet und dass jede kleinste Veränderung in diesem System eine veränderte Entwicklung hervorrufen kann.

Der Quantenphysiker Hans-Peter Dürr (Dürr, 2011) sagte unter anderem, dass der Faktor, der bestimmt, was aus dem Potential der Wirklichkeit tatsächlich wird, die BEZIEHUNG zwischen zwei Elementen ist.

Auf einer Makroebene können wir uns das ganz einfach als Beziehung zwischen zwei Menschen vorstellen: es ist die Beziehung, die bestimmt, was aus dem Potential wird, das im Zusammentreffen von zwei Menschen liegt.

DIESER BEZIEHUNG, DIE AUS POTENTIAL WIRKLICHKEIT MACHT, WIDMEN WIR UNS HIER.

Es gibt kein Charisma ohne Beziehung. Ein charismatischer Mensch ist zunächst in bewusster Beziehung mit sich selbst, um dann ebenso bewusste Beziehungen mit anderen aufzunehmen. Aus diesen bewussten Beziehungen heraus erwächst auch die gestalterische, inspirierende Kraft solcher Menschen.

Und auch Sie gehören dazu.

Einfaches Beispiel: Haben Sie einen Kollegen, den Sie als „mühsam" empfinden, weil er Situationen immer ganz anderes angeht als Sie? Allein die Erwartung an Ihren Kollegen, dass er „mühsam" sein wird, verändert Ihre Haltung und Ihr Verhalten ihm gegenüber. Mit einer anderen Kollegin, mit der Sie aus Ihrer Sicht vieles gemeinsam haben, werden Sie ganz anders umgehen. Im Ergebnis wird Ihre „Wirklichkeit“ mit dieser Kollegin ganz anders aussehen als die mit Ihrem Kollegen.

Anderes Beispiel: Sie kennen vielleicht die Geschichte von Paul Watzlawick in „Anleitung zum Unglücklichsein“ (Watzlawick, 1983): *Ein Mann will ein Bild aufhängen. Den Nagel hat er, nicht aber den Hammer. Der Nachbar hat einen. Also beschließt unser Mann, hinüberzugehen und ihn auszuborgen. Doch da kommt ihm ein Zweifel: Was, wenn der Nachbar mir den Hammer nicht leihen will? Gestern schon grüßte er mich nur so flüchtig. Vielleicht war er in Eile. Vielleicht hat er die Eile nur vorgeschützt, und er hat was gegen mich. Und was? Ich habe ihm nichts getan; der bildet sich da etwas ein. Wenn jemand von mir ein Werkzeug borgen wollte, ich gäbe es ihm sofort. Und warum er nicht? Wie kann man einem Mitmenschen einen so einfachen Gefallen abschlagen? Leute wie dieser Kerl vergiften einem das Leben. Und dann bildet er sich noch ein, ich sei auf ihn angewiesen. Bloß weil er einen Hammer hat. Jetzt reicht´s mir wirklich. - Und so stürmt er hinüber, läutet, der Nachbar öffnet, doch bevor er "Guten Tag" sagen kann, schreit ihn unser Mann an: "Behalten Sie Ihren Hammer, Sie Rüpel".*

Was wir wahrnehmen und was wir bekommen, hängt maßgeblich von unseren Erwartungen ab und unsere Erwartungen wiederum werden von bereits gemachten Erfahrungen beeinflusst, welche wiederum von unseren Glaubenssätzen und Werten beeinflusst werden.

Hätte der Mann in der Geschichte den Glaubenssatz verinnerlicht, ein liebenswerter, respektabler Mensch zu sein und hätte er (oft genug) die Erfahrung gemacht, dass Helfen in der Natur des Menschen liegt, dann wäre er mit einem Lächeln auf den Lippen vor der Tür gestanden und hätte erwartet, dass der Nachbar ihn freundlich empfängt und ihm den Nagel vielleicht sogar gleich selbst einschlägt. ***Denn warum eigentlich nicht?***

IHR LEBEN IST DAS ERGEBNIS IHRER ERWARTUNGEN.

Jeder Tag beginnt mit Erwartungen. Selten sind wir uns ihrer bewusst und noch seltener sind wir uns bewusst, dass unsere Erwartungen von unseren Erfahrungen und diese wiederum von unseren Glaubenssätzen gesteuert werden. Dieses mangelnde Bewusstsein bewirkt, dass wir immer wieder dieselben Erfahrungen machen und damit immer wieder dieselben Glaubenssätze zementieren.

Vielleicht haben wir zwar ganz andere Wünsche, aber innerlich strafen wir sie Lügen oder tun sie als für uns unrealisierbar ab. Erinnern Sie sich an die ach so normale Geschichte von dem Mädchen, das Bestimmerin werden wollte und dann ihr Potential liegen ließ, weil sie meinte, ihre Wünsche wären nicht mehr möglich, jetzt, da sie Mann, Kind und Haus hatte? Eine andere Denkweise wäre doch gewesen, genau jetzt durchzustarten, weil sie alle Voraussetzungen dafür hatte: einen Partner, der ein gleichwertiger Elternteil war und der sie unterstützen konnte; ein Haus, in dem sie sich wohl fühlte oder das bei Umzug eine perfekte Geldanlage war und ein Kind, das noch ein weiterer Grund war, um so richtig erfolgreich zu sein und ihm damit eine Top-Zukunft bieten zu können – nicht nur finanziell, sondern auch ideell:

weil sie ihm zeigte, was alles möglich war und es von Anfang an mit größeren Möglichkeitsräumen in die Welt entlassen würde[1].

Sie sagen nun: *„Ja, wenn das nur so einfach wäre.“* Und meine einfache Antwort ist: wenn Sie jeden Moment bewusst gelebt und Ihre Entscheidungen entsprechend getroffen haben, dann ist es so einfach. Denn dann haben Sie auch den Partner gewählt, der Ihnen entspricht und mit dem alles möglich ist, was für Sie wirklich wichtig ist.

Die Frage ist: wie kann man aus einem bestimmten Erfahrungs- und damit Erwartungs-Hamsterrad aussteigen?

Die einen zählen auf Affirmationen. Wenn man sich nur jeden Tag vorsagt, wie toll man ist, dann glaubt man es eines Tages auch.

Meine Reaktion darauf: „Nur bedingt.“

Alle Affirmationen helfen nichts, wenn wir noch nie die Erfahrung gemacht haben, die diese Affirmationen als wahr bestätigen.

Das Thema „Karrierefrauen“ bietet hierzu ein passendes Beispiel: Viele erfolgreiche Frauen wollen sich gar nicht für besondere Privilegien für Frauen einsetzen (z.B. Quoten!), da sie selbst nie das Gefühl hatten, benachteiligt zu sein. Sie haben sich *einfach* genommen, was sie wollten. Sie haben *einfach* den Weg beschritten, den sie *für sich als richtig* erachtet haben. **Sie sind nicht an gläsernen Decken geschei-**

---

[1] Interessant hierzu die Erkenntnisse der Epigenetik, die deutlich machen, wie sehr die Umwelt und die mit ihr gemachten Erfahrungen die Nutzung und Entfaltung unseres im Erbgut angelegten Potentials bestimmen.

tert, weil sie sie nie gesehen haben. Für diese Frauen war die Möglichkeit, Karriere zu machen völlig logisch – so logisch, wie sie es für die meisten Männer seit jeher ist. Einer solchen Frau hilft es tatsächlich, wenn sie sich in „schwachen" Zeiten ihr Ziel zum Mantra macht, denn der Verstand setzt keine Barriere. Sie hat genug echte Erfolgserfahrungen in sich, die die Affirmationen „Ich bin eine erfolgreiche Frau! Ich schaffe das! Ich überwinde alle Grenzen!..." mit echten Erfolgsgefühlen untermauert.

Frauen, die sich das Gefühl „das ist richtig für mich!" erst erarbeiten müssen (siehe unsere Frau oben, deren zusätzliches Engagement in der Kindheit nie auf besondere Gegenliebe gestoßen war und die das Bild einer traditionellen Partnerschaft sehr wahrscheinlich deutlich vor Augen hatte), bringen solche Affirmationen jedoch nichts, ganz im Gegenteil. Die Diskrepanz zwischen Denken und Fühlen wird so groß, dass dieser Zustand sogar krankmachen kann. (Wir nehmen dieses Thema auch im 2. Teil „Der Körper" auf, denn alle Erfahrungen sind letztendlich körperlicher Natur.)

Bevor Sie mit Affirmationen arbeiten können, müssen Sie Erfolgsgewissheit aufbauen. Und Erfolgsgewissheit entsteht durch Erfolgserfahrungen. Deshalb sind gerade Menschen, die in der Kindheit viele Hürden zu überwinden hatten, oft später umso erfolgreicher: sie konnten schon als Kind ihre Erfolgsgewissheit trainieren.

Wenn Sie nicht genügend Erfolgsgewissheit besitzen, um sich etwa den nächsten Karriereschritt als vollkommen natürlich vorstellen zu können, müssen Sie bewusst Erfahrungen kreieren, durch die Sie dieses Bewusstsein Schritt für Schritt aufbauen. Die „Trainingseinheiten" müssen so gestaltet sein, dass Sie sich zwar anstrengen, aber auf jeden

Fall Erfolg haben können. Denken Sie an einen Marathon: Sie müssen Ihre psychische und physische Ausdauer Schritt für Schritt aufbauen, müssen einen kleinen, *fast* mühelosen Erfolg an den nächsten reihen. Nur so werden Sie den Erfolg als natürlichstes Ergebnis für sich selbst betrachten und annehmen können.

„Jeder wusste, dass es nicht getan werden kann, bis jemand kam, der das nicht wusste und es einfach tat."

wird u.a. Albert Einstein zugeschrieben

Um zu meiner Horoskop-List zurückzukehren: Das Ermöglichen neuer Erfahrungen ist die Essenz jedes Trainings. Wenn Körper (= das Machen neuer Erfahrungen) und Geist (= das Erwarten neuer Erfahrungen) zusammenspielen, wird das Training mit 100%iger Sicherheit erfolgreich sein. Als Trainerin ist es meine Aufgabe, neue Erfahrungen zu ermöglichen. Damit diese von den Teilnehmern optimal aufgenommen und verarbeitet werden können, braucht es ihre geistige Offenheit. Ich persönlich unterstütze diese Offenheit einerseits mit Geistlenkenden Übungen (z.B. Horoskop) und andererseits mit meiner eigenen, unbedingten Erwartung, das unbegrenzte Potential jedes Teilnehmers, jeder Teilnehmerin zu sehen. Und nur deshalb sehe ich es auch und kann es im Feedback wiederum an die einzelne Person zurückspiegeln.

2.2 ÜBUNG 1: ERWARTUNGEN ÜBERPRÜFEN

Hintergrund

Die meisten Menschen, die ihr Leben irgendwann einmal völlig verändert haben, taten dies auf Basis eines der beiden folgenden Gründe:

1. ein traumatisches Erlebnis (Nah-Tod, Burnout, Tod einer geliebten Person,...)
2. die Begegnung mit einer Person, die sie inspiriert hat, noch mehr zu sehen, zu glauben, zu erwarten, als das, was sie momentan sahen, glaubten, erwarteten = Träger von Hoffnungsenergie

Mit dieser Übung werden Sie beginnen, SELBST diese Person für sich zu werden, die mehr sieht, glaubt und erwartet als bisher und in diesem Moment.

Denken Sie an die Leitlinie: werden Sie sich zunächst selbst zur Trägerin, zum Träger von Hoffnungsenergie.

Ziel

➔ Bewusstsein für die eigenen Erwartungen erlangen und damit die <u>Voraussetzung</u> zu schaffen, von „Autobahnen" abzufahren, neue Erwartungen zuzulassen und infolge neue Erfahrungen zu ermöglichen

Was Sie dazu brauchen

✓ Ihre Erinnerungen und einen offenen Blick darauf

Anleitung

1. **Picken Sie sich 1-3 Misserfolge und 1-3 Erfolge aus Ihrem Leben.**

   Es sollten eher massive Ereignisse sein, sodass sie eine entsprechende Bedeutung für Sie haben und Sie sich auch noch gut daran zurückerinnern können.

2. **Und nun versuchen Sie zu ergründen, welche Erwartungen Sie damals an die jeweilige Situation hatten:**

- Waren Sie locker und entspannt bei dem Gedanken des Gelingens?
- Haben Sie das Gelingen ohne Zweifel, ohne Angst erwartet?
- Waren Sie voller glasklarer Erwartung, dass dieses Projekt von Bedeutung sein würde?
- Wenn Sie im Nachhinein Resümee ziehen: waren da auch versteckte Zweifel, denen Sie keine oder ungenügend Beachtung schenkten?
- Aus welchen Gründen befanden Sie sich in dieser Situation?
- Welche Glaubenssätze haben Sie geleitet?
- Welche davon sind auch heute noch für Sie gültig?

2.3 Übung 2: Neue Erwartungen zulassen

Ziel:

➔ Neue Erwartungen bewusst ermöglichen

Was Sie dazu brauchen

✓ Die vollendete Übung 1 dieser Woche

✓ Papier und Stift

Bitte arbeiten Sie tatsächlich mit analogem Schreibmaterial, da die händische Tätigkeit des Schreibens

1. eine direkte Übertragung des Geschriebenen in Ihr Bewusstsein unterstützt
2. das haptische Erleben (Angreifen von Papier) das Niedergeschriebene auch auf einer körperlichen Ebene verstärkt

Anleitung

- Erstellen Sie eine Woche lang am Vorabend Ihr Horoskop für den folgenden Tag.
- Formulieren Sie so lange, bis es Ihnen angemessen und positiv erscheint. Das heißt: seien Sie ehrlich, achten Sie aber auf eine Formulierung, die Ihre Möglichkeitsräume vergrößert.
- Verwenden Sie jene Worte in Ihrer Formulierung, denen Sie in Ihrem Leben real mehr Raum verschaffen wollen. In den folgenden Beispielen sind solche Worte unterstrichen.

Beispiele:
Widder: Ihr Tag wird Ihnen einige zwischenmenschliche Herausforderungen bescheren, die Sie jedoch mit Fingerspitzengefühl und Diplomatie zum Wohlwollen aller meistern werden.

Löwe: Sie werden morgen Ihr blaues Wunder erleben. Jemand verhält sich unerwartet positiv Ihnen gegenüber und räumt Ihnen eine wichtige Chance ein. Seien Sie wachsam! Verpassen Sie sie nicht!

Zwilling: Morgen sollten Sie Nägel mit Köpfen machen. Das stößt nicht auf jedermanns Gegenliebe, aber Sie wissen, was Ihnen wichtig ist und werden deshalb die richtigen Schritte tun.

Die Gefahr liegt nicht in herausfordernden Momenten. Die Gefahr liegt vielmehr in prolongierten Zuständen der Trägheit. Gewohnheit ist ein Zustand, der uns wenig Energie nimmt. Wenn er jedoch zu lange andauert, ohne hinterfragt zu werden, macht er uns steif und damit auch schwach.

Trainieren Sie deshalb Ihren „Flexibilitäts-Muskel": betrachten Sie eine Situation von verschiedenen Blickwinkeln aus, fragen Sie sich immer wieder, warum Dinge so gemacht werden und nicht anders, machen Sie kleine Veränderungen in Ihrem Verhalten und stellen Sie fest, welchen Einfluss Sie damit auf Ihr System ausüben,...

Wie auch immer Ihr ideales Leben aussieht, seien Sie sicher: wenn Sie wirklich überzeugt davon sind, dass es Ihnen bereits gehört, dann bekommen Sie es. Weil Sie sich – AUTOMATISCH – so verhalten, dass Sie bekommen, was Sie wollen.

Bevor ich hier schließe, möchte ich noch ein Gegenargument ansprechen, das Ihnen vielleicht ebenso wie vielen meiner Coachees und Seminarteilnehmerinnen auf der Zunge liegt:

Sie werfen ein, dass dies alles recht schön und gut ist, dass Ihnen jedoch manches widerfährt, das Sie so sicher nicht erwartet haben. Lassen Sie mich am Beispiel eines meiner Seminarteilnehmer antworten:

Es handelt sich um einen hochbegabten jungen Mann, sehr engagiert, mit scharfem Verstand, sehr qualitäts- und pflichtbewusst, der immer wieder von seinen Kollegen als erste Anlaufstelle für Probleme und knifflige Situationen gesehen wird, was dazu führt, dass eigentliche „Chef-Sachen" nicht zunächst beim Chef landen, sondern bei ihm. Er wird also von anderen als „informelle Führungskraft" positioniert, aus seiner Sicht gegen seinen Willen und gegen seine Erwartung. Er sagt, er möchte keine Führungskraft sein, sondern einfach nur einen guten Job machen und sich am liebsten eher früher als später zurückziehen, um Bücher zu schreiben.

Aus seiner Sicht kann er tun, was er will – die Anfragen der Kollegen annehmen oder auch abweisen – er bekommt immer Probleme mit seinem Chef und dies war auch schon ein Kündigungsgrund.

Ein typischer Fall von „Ich habe das nicht erwartet/ das ist das Letzte, was ich wollte/ ich bin hilflos in diesem System".

Sein Verhalten im Seminar habe ich wie folgt beobachtet:

- Beim Gruß reicht er mir zwar die Hand, schaut dabei aber nach nur einem gefühlten Bruchteil einer Sekunde weg.
- Er meldet sich oft zu Wort, hat zu jedem Thema Fragen und eigene Gedanken, fordert mich heraus.
- Er spricht immer wieder für die Allgemeinheit.
- In den Pausen bleibt er meist für sich oder schließt sich dem Kollegen an, mit dem er gekommen ist.
- Als die Gruppe am zweiten Tag eine neue Richtung einschlägt, bringt er sich nicht mehr ein. Danach sagt er mir, er hätte ausprobieren wollen, wie es ist, wenn er sich zurückhält. Vielleicht würden sich andere dann mehr einbringen. Das war auch tatsächlich so.

Dies alles zeichnet das Bild eines – wie oben erwähnt – hoch intelligenten, sehr engagierten, am konstanten Fortschritt interessierten Mannes, der den Mut hat, seine Ansichten klar und deutlich zu formulieren und die tatsächliche Führungskraft (im Rahmen des Seminars also mich) herauszufordern. Diesem Mut unterstreicht er im Übrigen auch durch sein unkonventionelles Äußeres.

So jemanden im Team zu haben, der keine Angst vor Hierarchie hat, ist für alle gut, die weniger Mut haben und sich daher gerne hinter jemandem verschanzen, der sich stark genug zeigt, um Verantwortung zu übernehmen (ganz egal, ob er tatsächlich so stark ist, wie er vorgibt zu sein oder nicht).

Dies allein betrachtet, würde ihn übrigens als typischen Charismatiker auszeichnen.

Was ihm aber fehlt, ist die Verbindung zu den anderen, zu seiner Umwelt, zur Situation. Durch die fehlende Verbindung werden sein Engagement und sein Mut zu Unberechenbarkeit, seine Unkonventionalität zur Gefahr für jene, die in ihr keinen Nutzen sehen oder selbst zu stark unter Druck stehen, um sich neuen Sichtweisen öffnen zu wollen.

Diese Menschen, die von oben und unten Druck spüren, sind die Führungskräfte der mittleren Ebene. Wenn die Verbindung passen würde, würden Sie den jungen Mann als Katalysator begrüßen. So aber gefährdet er nur das Gleichgewicht. Und deshalb kommt es zu Schwierigkeiten. Deshalb *bereiten sie ihm* Schwierigkeiten.

Das ist, was wir beobachten können. Die Kernfrage, die dahinter steht ist, warum dieser junge Mann außerhalb seiner selbst und außer zu ausgesuchten anderen Personen keine Verbindung aufbauen kann. Denn diese fehlende Brücke hin zum anderen ist es, was ihn zur unberechenbaren – und zu großen – Herausforderung für viele macht.

- Welche Erfahrungen stecken dahinter?
- Welche Glaubenssätze haben sich aufgrund dieser Erfahrungen gebildet?
- Welche Ur-Erfahrungen werden durch unbewusste Erwartungen immer wieder erneuert und bestätigt?

Die Antworten sind meist in der frühesten Kindheit zu finden. Die Aufgaben, vor die wir in den ersten Jahren gestellt wurden, und die Stärke und Qualität der zwischenmenschlichen Beziehungen, die wir damals erleben durften, bestimmen auf alle Zeit unsere Wahrnehmung, unsere Deutung und damit unser Leben, wenn wir sie nicht erkennen, auflösen, neu deuten und uns bewusst für ganze neue Erfahrungen öffnen.

Lassen Sie mich zusammenfassen: die Erwartungen, von denen ich spreche, sind Ausdruck tief verwurzelter Glaubenssätze und leiten Ihr Verhalten. Über die Beobachtung des Verhaltens können Sie Rückschlüsse auf diese Glaubenssätze und die damit verknüpften Erwartungen ziehen.

Wenn Sie also immer wieder nicht das bekommen, was Sie sich wünschen, widmen Sie Ihrem Verhalten – das bei jedem von uns in bestimmten Reaktionsmustern abläuft - noch mehr Aufmerksamkeit, um die dahinter liegenden Glaubenssätze zu entschlüsseln und überlegen Sie, ob diese für Ihre aktuelle Situation (noch) hilfreich sind.

Der Geist versperrt uns beim Umlernen allerdings oft und in hartnäckiger Weise den Weg. Seien Sie nachsichtig – er tut nur seinen Job. Es ist seine Aufgabe, uns im Gleichgewicht zu halten, uns möglichst energieschonend leben zu lassen. Und je älter unsere Muster, desto harmonischer – vom energetischen Standpunkt aus – funktionieren sie in unserem Gesamtsystem. Jede Veränderung ist Anstrengung. Genau deshalb brauchen wir den Körper. Er kann uns helfen, diese Barrieren zu überwinden und zwar so, dass es der Geist kaum mitbekommt.

For the next week
try the best you can
to pay attention to sounds.
You will start hearing
all these sounds
coming
in.

Robert Irwin

Woche 3: Fokussieren

Die Abenteuer sind im Kopf,

und sind sie nicht im Kopf,

dann sind sie nirgendwo.

André Heller

Können Sie sich noch an Ihr kühnstes Abenteuer erinnern? Was war es? Haben Sie es tatsächlich erlebt oder hat es sich im Kopf abgespielt? Haben Sie Fotos davon oder sind Ihnen nur Kopfbilder geblieben?

Wissen Sie, was Blockbuster zu Blockbustern macht?

Die Geschichte eines durch das Leben benachteiligten Menschen, der herausgefordert wird, seine Kräfte zu finden und zu leben, durchzuhalten um am Schluss als Sieger und Held gefeiert zu werden.

Das Strickmuster ist immer gleich: von Minus auf Plus und dazwischen liegt das Abenteuer, die Herausforderung, die nur durch eigene Kraft und Willensstärke gemeistert wird. Die Herausforderung beginnt immer als Abenteuer, wird dann aber zur lebensbedrohlichen (oder in Liebesfilmen zur *liebes*bedrohlichen) Gefahr und erst dadurch, dass etwas auf dem Spiel steht, das wirklich wichtig ist, wird der normale, schwache Mensch zum Helden.

Dieses Muster fasziniert eine Mehrheit von uns. Und warum? Genau aus demselben Grund warum Sie sich dieses Buch gekauft haben: weil wir alle etwas Besonderes sein wollen. Und wir alle daran glauben wollen, dass wir zu jeder Zeit über uns hinauswachsen können, um endlich der oder die zu sein, die wir von Anbeginn gedacht waren zu sein. Wir, die wir unsere Neujahrsvorsätze nicht länger als bis zum 10. Januar halten; wir, die gern vor dem Fernseher faulenzen und anderen beim Sport zusehen; wir, die wir jedes Mal aufs Neue anderen die Bühne überlassen, um unsere eigenen Projekte zu präsentieren; wir, die immer wieder selbst die Arbeit machen, anstatt sie von anderen einzumahnen.

Und ja, es ist machbar. Genau so besonders sind wir.

Das Einzige, das wir brauchen, um genau so besonders zu sein ist das, was auch die Geschichte im Blockbuster erst so richtig ins Rollen bringt:

Wir brauchen einen triftigen Grund.

Und wenn wir keinen haben, bleiben wir so durchschnittlich und schwach und fehleranfällig wie eh und je. Weil es einfach nicht mehr braucht, um ein normales Leben zu leben. Weil wir als Menschen – so wie alle Lebewesen – auf Energieeffizienz ausgerichtet sind und daher nur die Menge an Anstrengung einsetzen, die absolut nötig ist.

Sie können die Biografien der großen Charismatiker der Geschichte lesen und Sie werden feststellen, dass diese Geschichten genauso gestrickt sind wie Blockbuster. Nicht immer haben sie ein Happy End, nicht immer sind sie positiver Natur, aber eines ist allen gleich: ein durchschnittlicher Mensch rafft sich, genötigt durch einen hinreichenden Grund, auf, Überdurchschnittliches zu vollbringen.

Sie können aber auch die erfolgreiche Ladenbesitzerin von nebenan als Referenz nehmen: irgendetwas treibt sie offenbar dazu, ihren Service so souverän, freundlich und auf den Punkt zu liefern, dass Sie ihren Laden allen anderen Läden vorziehen.

Oder der Arzt, dem Sie nach vielen Versuchen bei anderen Kollegen nun endlich die Treue halten, weil er Ihnen das Gefühl gibt, wichtig zu sein. Nicht als Position in seiner Abrechnung, sondern als Mensch. Irgendetwas treibt ihn dazu, sich Ihrer tatsächlich annehmen zu wollen und Ihnen nicht nur ein Rezept zu verschreiben, sondern sogar eine Berührung zu schenken. Eine Berührung, die so viel mehr leistet als vieles, das Sie schlucken, schmieren und spritzen können. Prof. DDr. Johannes Huber hat das in seinem eben erschienenen Buch „Es existiert. Die Wissenschaft entdeckt das Unsichtbare" (Huber, 2016) wunderbar beschrieben.

Oder die Teamleiterin, die jedes Ihrer Mails mit einem Danke quittiert, anstatt Ihre Arbeit als selbstverständlich hinzunehmen. Die Ihnen außerdem immer wieder exakte Rückmeldung zu Ihren Leistungen gibt, anstatt ein *„Toll"* oder *„Das war ja wohl nichts"* über Sie auszuschütten. Irgendetwas treibt sie dazu, Ihnen Bedeutung zumessen zu wollen.

Die Frage ist:
was ist der treibende Grund für „Hingabe" an eine Aufgabe?

Wenn Sie diesen Grund finden – und es muss nicht Ihr Lebensgrund sein, sondern einfach ein Grund, weshalb Sie in Ihr Tun mehr Aufmerksamkeit lenken als unbedingt nötig ist, wenn Sie Verbindung aufnehmen wollen mit anderen, weil sie Ihnen wichtig sind – dann haben Sie gewonnen und ich darf Sie herzlich begrüßen im Club der Charismatiker und Charismatikerinnen.

Ich kann Ihnen die Suche nach Ihrem Grund nicht abnehmen, aber ich kann Sie dabei unterstützen, eine Vision davon zu kreieren, wie es sein soll, wenn Sie ihn gefunden haben.

Find your eyes.

Alex Soth

3.1 ÜBUNG 1: VISION UND ZIELSETZUNG

Hintergrund:

Wenn wir an das Konzept der Spirale denken, die im Inneren fest verankert ist und sich nach außen ausdehnen, gleichzeitig aber immer wieder an den Ursprung – zur Quelle – zurückziehen kann, dann sind wir jetzt gerade im Übergang zwischen diesem inneren Kern und dem ersten Schritt nach außen.

Wir machen diesen bewusst.

Der folgende Fragebogen ist eine Abwandlung des „Personal Brand Assessments", das ich mit Kunden erarbeite, die ihre eigene „Marke" entwickeln wollen. Wir beschäftigen uns also nicht nur mit einer abgehobenen Vision sondern mit konkreten Fakten, die Sie bei der Umsetzung unterstützen.

Ziel

➔ Sie legen anhand eines Fragebogens die Basis für die eigene Entwicklung in den nächsten 6 Wochen

Was Sie dazu brauchen

- ✓ den Fragebogen auf der nächsten Seite
- ✓ Ihr Tagebuch (das Sie bereits seit Beginn mit Ihren täglichen Notizen füllen)

Anleitung

1. Gehen Sie den Fragebogen durch. Bei Frage 3 können Sie jemanden hinzuziehen, wenn Sie sich schwertun, die „wichtigsten" Eigenschaften unter vielen auszuwählen.

2. Übertragen Sie die Fragen in Ihr Tagebuch und schreiben Sie auch dort die Antworten nieder.
3. Zu jeder Frage habe ich ein paar erklärende Sätze notiert, damit Sie auch wissen, worauf ich hinaus möchte.

FRAGEBOGEN

---

1. Wenn über Nacht ein Wunder geschähe und Sie morgen ein Mensch mit Charisma wären, wer würde das als erstes merken und woran?

Hintergrund: Ich definiere hier ganz bewusst nicht, wie ein charismatischer Mensch ist - ob er nun führt oder inspiriert oder einfach nur gern von anderen Menschen aufgesucht wird, oder... Es geht auch nicht um eine bestimmte Position oder Machstellung.

Es geht allein um die Frage, die hinter Ihrer Entscheidung stand, dieses Buch zu lesen und darum, ein möglicherweise diffuses Bild konkreter zu machen.

2. **Welchen Werten verleihen Sie Ausdruck, indem Sie „charismatisch" handeln?**

Hintergrund: Arbeiten Sie hier wie im Brainstorming: Notieren Sie alle Werte, die Ihnen wichtig sind. Danach wählen Sie die maximal fünf wichtigsten aus.

Leitwerte im beruflichen Bereich könnten z.B. Autonomie, Teamorientierung, Disziplin, kreative Dynamik, Struktur & Ordnung, Intuition, Meinungsstärke, Diplomatie, Offenheit, Ehrlichkeit,... sein.

Assoziieren Sie dann die Werte, die Sie für sich als wichtigste definiert haben, mit zumindest einem Beispiel aus Ihrem Leben, das deutlich macht, wie Sie dem jeweiligen Wert bereits Ausdruck verliehen haben.

3. **Was zeichnet Sie aus?**

   - Woran erkennt man Sie?
   - Wodurch bleiben Sie in Erinnerung?

Hintergrund: Die inneren Eigenschaften hängen stark mit Ihren Werten zusammen. Wenn Sie Disziplin als Leitwert genannt haben, werden Sie selbst vermutlich sehr diszipliniert sein.

Die äußeren Eigenschaften sind entweder angeboren (z.B. Größe, Nasenform, Haarbeschaffenheit, Augenfarbe, etc.), haben sich im Laufe des Lebens entwickelt (z.B. Figur) oder sind frei veränderbar (z.B. bestimmter Stil, Frisur).

Achten Sie die äußeren Eigenschaften bitte als genauso wichtig wie die inneren!

Ein authentischer Mensch zeichnet sich dadurch aus, dass sich seine inneren Eigenschaften in seinem Äußeren wiederspiegeln.

Das Außen schafft das nachhaltigste Bild in anderen.

„Wir machen uns ein Bild von jemandem“:
Wir speichern Personen als emotional aufgeladene Bilder ab.

Definieren Sie also je 4 innere und äußere Eigenschaften, vielleicht in zwei Spalten, wie hier angedeutet:

Innere Eigenschaften	**Äußere Eigenschaften**
....	....
....	....
....	....
....	....

4. **Was wird sich bis zum Ende des Buches konkret an Ihnen verändert haben?**
   - Wie sehen Sie aus?
   - Wie treten Sie auf?
   - Wie kommunizieren Sie?

Hintergrund: Welche Ihrer Werte und Eigenschaften möchten Sie unterstützen und fördern und wie wird das für andere erfahrbar: sichtbar, fühlbar, hörbar?

3.2 ÜBUNG 2: EIN BILD ALS LEITMOTIV

Hintergrund:

Bilder sind einerseits Ausdruck von Wirklichkeit. Denken Sie z.B. daran, wie Führungskräfte dargestellt werden. Es gibt ganz bestimmte Posen, Gesten und Gesichtsausdrücke, die mit „Führung" assoziiert werden.

Andererseits kreieren bzw. stimulieren Bilder die Wirklichkeit. Denken Sie an die Darstellung von Frauen und Männern in Filmen und Werbung: hier werden latent vorhandene Entwicklungen bildhaft ausgedrückt und dadurch in ihrer Kraft verstärkt, z.B. Männer in ihrer sorgenden Rolle und Frauen als Superheldinnen.

Die Bilder, die wir von uns im Kopf haben, leiten uns. Wir können die Wirkung der Bilder, die wir uns für uns selbst wünschen, verstärken, indem wir sie uns tatsächlich regelmäßig vor Augen führen.

Ziel

➔ Verstärkung Ihrer selbstgesteuerten Entwicklung durch das Vor-Augen-Führen der richtigen Bilder.

Was Sie dazu brauchen

✓ Ihre Fotoalben

Anleitung

1. Nehmen Sie sich Zeit und blättern Sie Ihre (analogen und/ oder digitalen) Fotoalben durch und finden Sie ein Bild, auf dem Sie das ausstrahlen, was Sie verstärken möchten. Das kann auch ein altes Foto sein – es geht nicht um Ihr Alter, sondern darum, was Sie auf dem Bild ausstrahlen.

2. Wählen Sie außerdem ein Kunst- oder Naturbild aus, das in Ihnen ebenfalls die entsprechenden Assoziationen hervorruft. Verwenden Sie keine anderen Menschen, denn Sie laufen Gefahr, sich von sich selbst zu entfernen anstatt sich anzunähern, indem Sie anderen nacheifern.

3. Finden Sie Möglichkeiten, sich regelmäßig mit diesen beiden Bildern zu konfrontieren:

   - Setzen Sie das gewählte Bild als Hintergrundbild für Ihren Bildschirm
   - verwenden Sie es als Profilfoto (je nachdem, wie angemessen es ist, kann es in beruflichen Foren oder/und privaten Foren verwendet werden)
   - drucken Sie es aus und stecken Sie es in die Brieftasche
   - ...

4. Betrachten Sie beide Bilder immer wieder ganz bewusst und spüren Sie, was in Ihnen hochkommt und was es in Ihnen verstärkt.

Beispiele:

Eigenes Foto

Die hier gezeigten Bilder drücken jeweils unterschiedliche Facetten der Persönlichkeit aus und wecken unterschiedliche Gefühle. Je mehr Sie sich mit einer Facette konfrontieren, desto stärker fördern Sie sowohl diese als auch das dazugehörige Gefühl und das entsprechende Verhalten.

© alle Porträts Seite 68 und 69: Thomas J. Teskey

Kunst- oder Naturbild

Dieses Foto von Nick Brandt ziert momentan meinen Desktop. Ich assoziiere es mit Ruhe, Souveränität und Kraft.

Im Zwischenraum

In einem Augenblick liegt die ganze Ewigkeit.

In ihm allein liegen alle Möglichkeiten.

Alles, was wir in diesem Augenblick wahrnehmen,
hat die Kraft uns dorthin zu bringen,

wohin wir wollen.

Wir haben in jedem einzelnen Augenblick

die Kraft, in die Unendlichkeit des Möglichen

zu gelangen.

Wenn wir präsent und in Verbindung sind.

2. TEIL

DER KÖRPER
=
DAS WERKZEUG

Wenn ich an meine Anfänge zurückdenke, so ist dieser zweite Teil wohl der Ursprung des Charisma-Konzepts:

Als ich in jenem kanadischen Sommer 1993 die jungen Mädchen in den Beruf des Models einführte, sie lehrte, ihren Körper so einzusetzen, dass er noch größer, an den richtigen Stellen schmäler und anderen wieder breiter wirkte.

Als ich sie im Gehen und im Auftreten unterrichtete, im Posing und im Ausdruck verschiedenster Gefühle, mit denen dem potentiellen Kunden ein Produkt, ein Kleidungsstück, ein Angebot vertraut gemacht werden sollten.

Als ich sie darin unterstützte, mit einfachen Stilmitteln, Make-up und Frisur ihren eigenen Typ zu unterstreichen oder sogar zu finden.

Und als ich schließlich vor dem Resultat stand: als ich die jungen, unbedarften Mädchen plötzlich als selbstbewusste junge Frauen mit ihrer ganz individuellen Ausstrahlung vor mir sah – damals dachte ich: ja, es ist gut.

Und ich erkannte erstmals meine eigene Wirksamkeit im Leben anderer Menschen.

Erstmals sah ich, wie sehr der bewusste Umgang mit dem eigenen Körper die Psyche eines Menschen beeinflusst und wie groß meine eigene Macht war, den Blick der Menschen auf sich selbst zu steuern – und nicht nur auf sich selbst, sondern auf das Potential ihres ganzen Lebens.

Das Faszinierende war, dass diese veränderte Perspektive und „der neue Mensch" nicht in langen Gesprächssitzungen über die eigenen Probleme und der Suche nach den Lösungen erstanden waren, sondern in einer Atmosphäre der Leichtigkeit, des Lachens, der Freude, der Sorglosigkeit. Im Genuss, die Schönheit und Kraft des eigenen Körpers zu entfalten.

Und die Entfaltung des Körpers übertrug sich auf eine Entfaltung der ganzen Persönlichkeit.

Eine der Model-Übungen, die Catwalk – Übung, wurde fixer Bestandteil meiner Trainings zu Auftreten und Wirkung, und zwar für Frauen wie Männer. 11 Jahre, nachdem ich diese in meine Seminare integriert hatte, nachdem ich in Mailand und Monaco gelebt und gearbeitet hatte und wieder nach Wien zurückgekehrt war, erhielt ich einen Anruf. Ein Unternehmen hatte eine Eventfirma damit beauftragt, mich ausfindig zu machen, um mich als Trainerin für einen Team-Tag zu gewinnen. Beim Treffen mit dem Kunden stellte sich heraus, dass er selbst 1997 einer meiner Seminarteilnehmer gewesen war und er sagte: *„Und die Catwalk-Übung, die Sie damals mit uns gemacht haben, die möchte ich auch wieder dabeihaben."*

Sie können sich nun vielleicht vorstellen, wie groß die Macht des Körpers auf uns ist, wenn wir bewusst mit ihm arbeiten.

In diesem 2. Teil werden Sie beginnen, diese Macht zu spüren und für sich selbst zu nützen. Ich werde hier aus der Vielfalt der Übungen genau jene mit Ihnen teilen, durch die Sie die schnellste Veränderung erfahren.

Woche 4: Körper-Geist-Kybernetik

Seele und Körper, so meine ich,
wirken auf einander ein.
Eine Veränderung des Seelenzustandes
bringt eine Wandlung der Körpergestalt hervor;
und umgekehrt
führt eine Veränderung der Gestalt des Körpers
zu einer verwandelten Verfassung der Seele.

Aristoteles

Als er sich im Video sah, reagierte er ruhig – so wie man es von einer Führungskraft erwartet. Für ihn, der bereits auf eine sehr erfolgreiche Karriere zurückblicken konnte, ging es darum, den eigenen Führungsanspruch noch stärker zu manifestieren und zwar ohne in seinem Kommunikationsverhalten und seinem Handeln große Veränderungen herbeizuführen. Dafür war er schon zu lange im Beruf und zu lange in diesem Unternehmen. Veränderungen mussten wenn, dann subtil erfolgen. Fast unmerkbar für andere, aber doch wirksam.

Erkennbar zu werden, Führung zu signalisieren und vor allem als ein Mensch mit Führungsstärke erkannt zu werden, das bedarf einer Schärfung des eigenen Profils, einer Fokussierung der Aussagen, es braucht Ecken und Kanten, an denen sich der Blick des anderen – im faktischen wie im übertragenen Sinne - festmachen kann. Auch in seinem Fall. Für ihn, der seinen Weg mit Kompetenz, Charme und Flexibilität gemacht hat, hieß dies, etwas von seiner Flexibilität zugunsten größerer Unbeugsamkeit aufzugeben. Eine schwierige Aufgabe.

Als er sich nun aber in dieser Aufnahme sah und ich einen Vergleich zwischen seiner entspannt-schlaksigen Haltung und seiner Flexibilität in Bezug auf seine eigene Positionierung anstellte, sagte er ganz plötzlich: „Es ist erschreckend, mich so zu sehen. Ich erkenne mich kaum wieder. Zu Beginn meiner Karriere hatte ich breite Schultern und passte kaum in meine Anzüge. Jetzt scheint alles von den Schultern in den Bauch gewandert zu sein."

Dabei ging es hier, wohl gemerkt, nicht um Fitness-Aspekte oder das Aussehen sondern allein um die Haltung. Wollte er also eine bestimmtere Haltung in Sachen Eigenpositionierung als Führungskraft zeigen, dann musste er auch äußerlich eine bestimmtere Haltung annehmen.

Körper und Geist sind eins...

...und die Macht sitzt – außer bei Buddha – eben nicht im Bauch, sondern auf den Schultern. Deshalb betonen alle Uniformen seit jeher die Schultern. Deshalb ist die Uniform moderner Krieger im Businessumfeld mit Schulterpolstern ausgestattet und lässt den Oberkörper kraftvoll und fit aussehen. Jeder gut sitzende Business-Anzug macht optisch schlanker und richtet die Haltung durch den Schnitt des Kleidungsstückes auf.

Besonders Frauen kennen den Unterschied: wenn sich frau in Long-Westen noch weich fühlen kann und automatisch die entsprechende Haltung einnimmt, so kommt mit dem Sakko plötzlich eine Kantigkeit ins Spiel, die sich sofort in einer aufrechteren und energetisch präsenteren Haltung widerspiegelt.

Wenn der Geist immer wieder in die eingefahrenen Muster verfällt, dann hilft es, ihn durch den Körper zu neuen Erfahrungen zu „verführen" und ihm grundsätzlich seinen Willen zu lassen. So, wie die Großmütter zu ihren Töchtern noch gesagt haben „Lass ihn nach außen hin glänzen. Du weißt ja doch, dass du die Entscheidungen triffst."

Genau darum geht es bei der Verbindung von Körper und Geist, die ich mit dem Begriff „Körper-Geist-Kybernetik" beschreibe: wir setzen den Körper ein, um den Geist zu steuern.

Kybernetik ist die Wissenschaft von der Steuerung und Regelung komplexer Systeme. Sie hat ihren Ursprung in der Technik wo sie als Regelungstechnik bezeichnet wird. Eine große Bedeutung kommt dabei dem Nachrichtenaustausch zu.

„Körper-Geist-Kybernetik" =
Die gegenseitige Einflussnahme und Steuerung
von Körper und Geist.

Bitte verwechseln Sie diesen Begriff nicht mit der „Psycho-Kybernetik" nach Dr. Maxwell Maltz. Er war 1960 einer der ersten, der praktische

Anleitungen für die Entwicklung eines starken Selbstwertgefühls durch gezielte Geiststeuerung gab. (Maltz, 2015)

Der Schönheits-Chirurg war ursprünglich davon ausgegangen, dass ein schöneres Gesicht auch das Selbstwertgefühl steigern würde, was sich aber als Fehler erwies. Die Anzahl derer, deren Selbstwertgefühl nach der äußeren Verschönerung gleich niedrig blieb war ebenso groß, wie jener, deren Selbstbewusstsein tatsächlich erstarkte.

Er setzte alle Kraft in die Untersuchung dieses Phänomens und entwickelte mit „Psycho-Kybernetik" eine erste Anleitung zur Verbesserung eines schlechten Selbstbildes durch gezielte, geistige Beeinflussung. Für ihn war auch klar, dass der Zustand des Geistes sich körperlich ausdrückt, dass sich z.B. eine starke Hemmung in Stottern zeigen kann.

Was er nicht getan hat, ist die Verschränkung von Körper und Geist auch in die andere Richtung, also vom Körper in Richtung Geist, zu thematisieren. Vermutlich aufgrund seiner ursprünglichen Erkenntnis, dass das Äußere nicht direkt mit dem Selbstwert zusammenhängt.

Allerdings hat er als Schönheitschirurg auch nur die Knochenstruktur oder die Menge des Fettgewebes verändert, nicht aber die Muskeltätigkeit. Und genau hier liegt der springende Punkt.

Es geht bei der Körper-Geist-Kybernetik um die bewusste Beeinflussung des Geistes durch den veränderten Muskeltonus, nicht durch die Veränderung des Skelettes oder des Fettgewebes.

Dieses Zusammenspiel von Körper und Geist ist heute wissenschaftlich bereits gut erforscht. Hier einige sehr plakative Studienergebnisse:

1. **Das Einnehmen einer krummen Körperhaltung kann bereits nach 8 Minuten den Unterschied zwischen gut gelaunt und frustriert ausmachen**. (Riskind, 1982)

   Mit dem Ausdruck „erhobenen Hauptes dahinschreiten" assoziieren wir eine bestimmte innere Haltung. Dies beweist einmal mehr, dass wir uns grundlegende Gesetzmäßigkeiten allein durch Beobachtung selbst erschließen können. Die Wissenschaft dient vor allem der Legitimation dessen, was uns aufmerksames Wahrnehmen erkennen lässt.

2. **Das Ausführen einer „Komm-Her"-Bewegung führt über einen Zeitraum von 25 Minuten zum Essen der 3-fachen Menge an Keksen wie die „Geh-Weg"-Bewegung sowie zu einer veränderten inneren Haltung**. (Förster, 2003)

   Dies ist besonders interessant, v.a. auch für jene, die sich immer wieder in Verhandlungssituationen befinden. Die Situation: die Studienteilnehmer wurden in zwei Gruppen und eine Vergleichsgruppe geteilt. Die Teilnehmer jeder Gruppe wurden einzeln in einen Raum gesetzt, um 25 Minuten lang eine politische Sendung anzusehen, angeblich, um danach ihre Meinung abzufragen. Vor ihnen stand jeweils ein Tisch und auf dessen Mitte eine Schale mit Keksen. Den Teilnehmern der einen Gruppe wurde außerdem gesagt, dass sie zusätzlich so fest wie möglich mit der Handfläche von unten gegen die Tischplatte drücken sollten. Die Teilnehmer der anderen Gruppe wurden instruiert, so fest wie möglich von oben auf die Tischplatte zu pressen. Angeblich, um außerdem den Muskeldruck zu messen. Die Vergleichsgruppe wurde nicht instruiert. Alle Teilnehmer durften sich dazwischen immer wieder von den Keksen bedienen. Nach den Instruktionen wurden die Personen allein gelassen.

Das Ergebnis:

Jene, die von unten gegen die Tischplatte pressten, genehmigten sich die dreifache Menge an Keksen wie jene, die von oben gegen die Tischplatte drückten.

Das war aber bei weitem nicht alles. Das noch viel wichtigere Ergebnis war die Haltung, die die Teilnehmer in der anschließenden politischen Diskussion zeigten. Können Sie erraten, welche Gruppe positiver und welche negativer gestimmt war?

Sie fragen sich nun vielleicht, was dieses Pressen mit einer Komm-Her- oder Geh-Weg-Bewegung zu tun hat. Nun, das auf die Tischplatte-Pressen ähnelt der Bewegung, die wir machen, wenn wir jemanden oder etwas von uns wegstoßen. Es ist eine Schubbewegung von uns weg.

Wenn wir hingegen von unten auf die Tischplatte pressen, simuliert das eine Auffang-Bewegung und bringt auf jeden Fall die Handflächen nach oben, öffnet sie quasi in einer Bewegung des Annehmens.

Die Aktivierung der Muskelgruppen in der Art, als ob wir etwas wegstoßen würden, setzt sich in unserer inneren Haltung fort und zeigt sich in einer abweisenden Haltung gegenüber egal welchen Themen, die dann besprochen werden.

Und umgekehrt.

Diese Erkenntnis wird z.B. in Verhandlungen geschickt eingesetzt, indem man dem Verhandlungspartner mehrfach Dinge (Unterlagen, Schreibgeräte, Kaffee, Wasser, Kekse,...) anbietet und damit eine „Komm-her" – Bewegung auslöst.

Sie können Sie aber auch für sich selbst einsetzen. Wollen Sie in der nächsten Verhandlung Ihren Standpunkt stärker vertreten? Dann nehmen Sie ein paar Minuten lang die Geh-Weg-Haltung ein! Möchten Sie sich für den anderen Standpunkt empfänglicher zeigen und es auch sein? Üben Sie sich in der Komm-her-Haltung!

Probieren Sie es einfach aus.

3. **Die Haltung beeinflusst den Hormonhaushalt.** (Carney, Cuddy, & Yap, 2010)

   Amy Cuddy und ihr Forscherteam in Harvard haben den Begriff „Power-Posing" nach einer 2010 durchgeführten Studie weltweit bekannt gemacht. Untersucht wurden je fünf Posen, die mit Macht und Dominanz einerseits („High-Power-Posen") und mit Ohnmacht oder Unterwürfigkeit andererseits („Low-Power-Posen") assoziiert wurden. Es zeigte sich, dass erstere bereits nach 2 Minuten einen deutlichen Testosteron-Schub im Hirn bewirkten, sodass die Versuchspersonen sich auch entsprechend der Pose fühlten.

   Selbst wenn diese Studie aufgrund ihres geringen Testsamples in Wissenschaftskreisen hinterfragt wurde, so wird die Tatsache, dass Muskelspannungen und die Zusammenarbeit bestimmter

Muskelgruppen in einer bestimmten Art und Weise einen direkten Einfluss auf neuronale Impulse und Hormonlevels haben, von einer immer größer werdenden Anzahl von Studien untermauert. Als besonders spannende Lektüre empfehle ich Ihnen *„Macht: Wie Erfolge und verändern"* von Ian Robertson (Robertson, 2013), in der der Autor eine Vielzahl von wissenschaftlichen Versuchen zitiert.

In dieser Woche möchte ich Sie also ermuntern, durch eine bewusste Körperhaltung Ihre innere Haltung zu beeinflussen und/oder zu verstärken.

Achtung! Die folgenden Übungen sind keine medizinischen oder Fitness- Anleitungen. Zudem ersetzen sie keinen Arztbesuch, wenn Sie starke Schmerzen haben oder an Fehlstellungen leiden, die nur therapeutisch behoben werden können.

4.1 ÜBUNG 1: HALTUNG ZEIGEN

Hintergrund

Die Herausforderung besteht darin, jene Haltung anzunehmen, die Sie perfekt durch Ihr Leben begleitet – und hinein in eine Besprechung, in einen Raum, den Korridor entlang oder auf ein Podium. Wenn Sie mit der richtigen Haltung auftreten, werden Menschen Ihre Energie spüren.

Dann passiert nämlich folgendes: Sie überzeugen Menschen schon, bevor Sie noch ein einziges Wort gesagt haben. Robert Cialdini, der 1984 mit seinem Standardwerk zur Magie der Beeinflussung „Influence, The Psychology of Persuasion" Furore machte, hat die Fähigkeit zu überzeugen, bevor der Akt Überzeugens überhaupt beginnt, sogar zum Thema eines neuen Werkes gemacht.

Ich selbst bin immer wieder über diese Fähigkeit gestolpert – ja, sie kann auch zum Nachteil gereichen. Dann nämlich, wenn es Ihnen wichtig ist, dass andere Menschen ihre eigenen Meinungen formen und auch ausdrücken. Zu überzeugend zu wirken, kann Gegenwind schon im Keim ersticken.

Wenn Sie nun beginnen, Ihre Haltung ganz bewusst wahrzunehmen und zu steuern, achten Sie auch darauf, welche Kleidung Sie tragen. Die Farben, die Passform, der Stoff – alles verändert die Art, wie Sie sich in Ihrem Körper fühlen (dürfen) und welche Haltung Sie daher annehmen (können).

Ziel

➔ das Wieder-Erlernen der „richtigen“ – dem menschlichen Körper entsprechenden – Grundhaltung

Was Sie dazu brauchen

- ✓ die Anleitung auf der nächsten Seite
- ✓ einen Spiegel zur Eigenkorrektur

Die hier gezeigte Haltung ist jene, aus der heraus Sie jederzeit voll aktions- und reaktionsfähig sind. Das bedeutet, dass sich alle Muskeln in einem bestimmten Grundtonus befinden und so an Ihrem Skelett „aufgehängt“ sind, dass Sie sie jederzeit aktivieren können.

Eine derartige Haltung ist auch die einzige, aus der heraus Sie zur vollkommen Bandbreite Ihre Gefühle fähig sind.

Wenn Sie sich mehr mit diesem Thema auseinandersetzen möchten, empfehle ich Ihnen das großartige Buch „Embodiment. Die Wechselwirkung von Körper und Psyche verstehen und nutzen“ von Maja Storch et.al. (Storch, Cantieni, Hüther, & Tschacher, 2., erweiterte Auflage 2010)

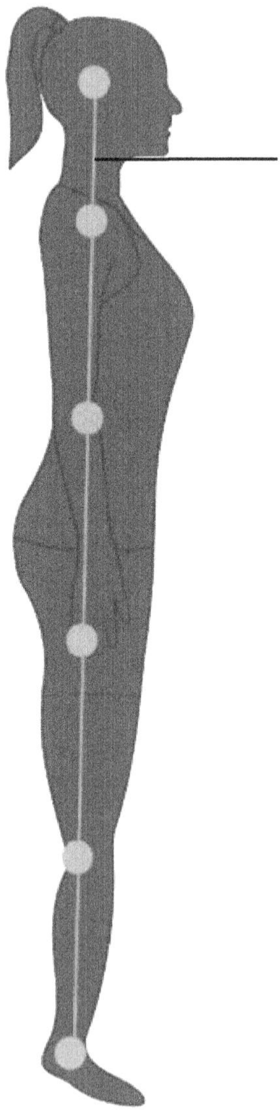

©Bigstock/kitamin

Die Grundhaltung, Schritt für Schritt (von unten nach oben):

Füße

Stehen parallel, etwas schmäler als hüftbreit

Knie

Locker, nicht ganz durchgedrückt

Scham- und Steißbein

Finden Sie den idealen Punkt, indem Sie abwechselnd sanft das Schambein nach vorne und das Steißbein nach hinten „einrollen“. Machen Sie die Bewegung flüssig, aber so langsam, dass Sie merken, wann sowohl Scham- als auch Steißbein am jeweils tiefsten Punkt angelangt sind. An dieser Position ziehen beide nach unten. D.h. Sie machen weder ein Hohlkreuz, noch ziehen Sie den Bauch ein. Es fühlt sich locker und leicht an.

Wirbelsäule

Dehnen Sie Wirbel um Wirbel in die Vertikale. Denken Sie sich dabei einen Punkt direkt oberhalb Ihres Kronenpunktes (siehe unten „Kopf"), an dem Sie sich gedanklich nach oben ziehen.

Schultern

Schlüsselbeine zart auseinander dehnen, Schultern nach außen fließen lassen

Kopf

Kinn und Hals bilden einen 90° Winkel.

Der sogenannte „**Kronenpunkt**" ist der höchste Punkt unseres Körpers und liegt im Schnittpunkt der drei großen Schädelknochen.

Beckenboden

Eine trainierte Beckenbodenmuskulatur dient nicht nur besserem Sex, sondern ist auch eine Voraussetzung für die optimale Körperhaltung, da sich der ganze Körper aus diesem kraftvollen Zentrum heraus aufspannen kann.

Sie trainieren den Beckenboden, indem Sie die Sitzhöcker zusammenziehen und wieder loslassen, sie quasi pulsieren lassen. Sie können diese Übung wann auch immer machen – im Sitzen, im Liegen, im Stehen. Sie werden merken, dass Sie dadurch auch Ihre Gesäßmuskeln und Ihre Bauchmuskeln trainieren.

WICHTIG!

Wie bereits in allen bisherigen Übungen ist das Sich-Spüren von essentieller Bedeutung.

BITTE machen Sie diese Übung nicht im Vorbeigehen.

- Nehmen Sie sich Zeit
- schalten Sie alle Störquellen aus
- nehmen Sie eine innere Haltung der neugierigen Offenheit ein
- bewerten und beurteilen Sie sich nicht, wenn Sie sich im Spiegel sehen
- lassen Sie Ihre Gefühle in der jeweiligen Haltung hochkommen und versuchen Sie, Bilder dafür zu finden

Nehmen Sie auch wahr, ob etwas schmerzt, wenn Sie in diese Haltung gehen. Das kann vorkommen, wenn Sie sich lange in einer ungünstigen Haltung „eingerichtet" haben.

Bei vielen meiner Coachees sind z.B. vorgezogene Schultern ein Thema. Das kann zweierlei Gründe haben: einerseits wird diese Haltung durch das lange Sitzen und Schreiben am Computer und die nach vorne gerichtete Position gefördert, andererseits drückt sich hier auch der Versuch eines Selbstschutzes aus.

Die natürliche Grundhaltung einzunehmen, erscheint allen dann zunächst eher „sperrig" – es ist, als ob sie die Schultern nach hinten drücken müssten. Allerdings sagen mir alle Betroffenen ohne Ausnahme, dass sie sich plötzlich auch bewusst werden, wenn sie die Schultern nach vorne ziehen – aus einer normalerweise unbewusst ablaufenden Abwehrreaktion heraus. Dieses Bewusstsein allein hilft schon, die Situationen zu erkennen, in denen sie ihre Sicherheit einbüßen und entweder ihr Verhalten oder die Situation selbst zu verändern, sodass sie sich darin wieder frei und kraftvoll-entspannt fühlen können.

I work

when I'm sick, happy, depressed, constipated,

jet-lagged.

I show up.

Mark Bradford

4.2 ÜBUNG 2: SICH SELBST BEEINFLUSSEN

Hintergrund

Jeder körperliche „Zustand" ist Ausdruck eines inneren Zustandes.

- Wenn wir lachen, ist dies Ausdruck von Freude.
- Wenn wir die Arme verschränken, uns wegdrehen oder – sehen und vielleicht noch eine Skepsisfalte zeigen, ist dies Ausdruck des Wunsches sich abzugrenzen.
- Wenn wir uns von jemandem körperlich entfernen, suchen wir auch innere Distanz.
- u.v.m.

WARUM wir dies jeweils tun, hat unterschiedliche Gründe, die allein im körperlichen Ausdruck nicht ablesbar sind. Aber dennoch ist das dahinterstehende Grundbedürfnis bzw. die Emotion ganz klar mit diesem jeweiligen Ausdruck verknüpft.

Ziel

➔ Den eigenen psychischen Zustand bewusst durch eine Veränderung des Körpers beeinflussen können

Was Sie dazu brauchen

✓ die nachstehende Anleitung

Anleitung

- Die folgenden drei mentalen Zustände sind für einen Auftritt mit voller Präsenz und überzeugender Ausstrahlung auf der Bühne des Lebens die wesentlichsten.

- Praktizieren Sie die hier gezeigten Übungen ab heute täglich für mindesten 1 Woche, um ihren Effekt wahrnehmen zu können und sie danach in eine Routine überleiten zu können
- Notieren Sie in Ihrem Tagebuch, wie Sie sich fühlen, welche Erfahrungen Sie machen und was sich verändert, wenn Sie mit anderen zusammentreffen

4.2.1 Selbstbewusstsein

©Bigstock/ Malchev

Wer selbstbewusst ist, nimmt sich Raum. Je mehr Raum jemand einnimmt, desto selbstbewusster und offensichtlich mächtiger ist er. Daher kommen die schulterverbreiternden Stilelemente an Uniformen und Business-Kleidung. Daher kommen große „Statement-Pieces", große Autos, große Schreibtische, etc.

Diese Art der Machtdemonstration ist zwar in einem Umschwung begriffen, aber dennoch ganz stark in unserem Unterbewusstsein verankert. Sich in die Brust zu schlagen. Sich groß zu machen und dann vielleicht auch noch laut zu brüllen machen unsere nächsten Verwandten, die Primaten, tatsächlich und wir tun es in gemäßigterer Form, oft unbemerkt.

Üben Sie sich nun bewusst in den universellen (!) Haltungen des Selbstbewusstseins.

Halten Sie die folgenden Posen jeweils für zumindest 2 Minuten und fühlen Sie den Effekt:

a. **Die typische Superhelden-Pose**

   - Stehen Sie aufrecht
   - Brust heraus
   - Hände in die Taille gestemmt
   - Beine mehr als hüftbreit

b. **Die Macho-Pose, Version 1**

   - Setzen Sie sich auf einen Stuhl mit Lehne, vor sich ein Tisch
   - Rutschen Sie soweit vom Tisch weg, bis Sie die Füße auf die Tischplatte legen und dabei die Beine vollkommen ausstrecken können
   - Lehnen Sie sich nun zurück, bleiben Sie aber mit dem Stuhl fest am Boden

- Verschränken Sie die Arme hinter dem Kopf
- Drücken Sie die Ellenbogen so weit als möglich zur Seite

c. Die Macho-Pose, Version 2

- Setzen Sie sich auf einen Stuhl mit Lehne, ohne Tisch
- Lehnen Sie sich nun zurück, bleiben Sie aber mit dem Stuhl fest am Boden
- Verschränken Sie die Arme hinter dem Kopf
- Drücken Sie die Ellenbogen so weit als möglich zur Seite
- Schlagen Sie ein Bein so über das andere, dass nur der Fuß über dem anderen Knie liegt oder sitzen Sie einfach mit gespreizten Beinen

d. Die Alles-Gehört-Mir-Pose

- Setzen Sie sich etwas schräg auf einen Stuhl mit Lehne
- Achten Sie darauf, dass daneben noch ein Stuhl steht
- Breiten Sie die Arme über die eigene und die benachbarte Stuhllehne aus
- Breiten Sie auch die Beine soweit als möglich aus, ohne jedoch den festen Boden unter den Füßen zu verlieren

e. Die Chef-Pose

- Stehen Sie an einem Tisch oder hinter einem Sessel mit normal hoher Lehne
- Ihre Beine hüftbreit
- Stützen Sie sich nun mit beiden Händen auf der Tischplatte oder der Stuhllehne auf
- Die Arme sind durchgestreckt
- Beugen Sie dabei den Oberkörper nach vorne

©Bigstock/ denispc

Das Schöne am „Posieren“ ist: man fühlt den Körper. Kein Muskel wird sich selbst überlassen. Werfen Sie sich ab und zu einmal in Pose. Einfach für sich selbst.

Spüren Sie sich.

4.2.2 Freude

©Bigstock/ Vadim Guzhva

Nehmen Sie einen Bleistift zwischen die Zähne und zwar so, dass ihn die Lippen nicht berühren. Auch hier halten Sie die Position zumindest 2 Minuten.

Was passiert? Es werden durch diese Haltung genau jene Muskeln aktiviert, die auch tätig werden, wenn Sie herzhaft lachen. Wichtig dabei ist tatsächlich, dass Sie so richtig die Zähne zeigen, da das Zusammenpressen der Lippen genau das Gegenteil bewirken würde. Sie müssen sich ja nur vorstellen, wann Sie die Lippen zusammenpressen: immer dann, wenn Sie Ärger und Missmut zurückhalten möchten.

4.2.3 Unverletzlichkeit

Interesse und Offenheit zu signalisieren, ist in der Kommunikation extrem wichtig, wenn Sie als charismatisch wahrgenommen werden oder ganz einfach einen bleibenden positiven Eindruck hinterlassen möchten. Wie schon zu Beginn erwähnt, geben charismatische Personen anderen im Gespräch das Gefühl, die wichtigste Person im Raum zu sein.

Interesse und Offenheit können aber nur aus einem Gefühl der Unverletzlichkeit entstehen. Das heißt nicht, dass Sie tatsächlich unverletzlich sein müssen, aber dass Sie keine Angst haben, sich dem anderen ganz und gar zuzuwenden und „auszusetzen“. Dies wiederum vermittelt der anderen Person Stärke.

Gleichzeitig unterstützt eine Haltung der Offenheit auch tatsächlich eine offenere Wahrnehmung, d.h. Sie sehen in ein und derselben Situation mehr Möglichkeiten als jemand, der sich verschließt. Auch das haben Sie sicher schon oft genug gesehen und erlebt, vielleicht sogar in einer Lernsituation mit Ihrem Kind, das plötzlich selbst die einfachsten Dinge nicht mehr zu verstehen schien. Man sagt dann öfters recht unschön „Du hast ein Brett vorm Hirn“ – und im übertragenen Sinne ist es auch so: der Geist ist beengt, eingeschränkt, eingegrenzt.

Auch in solchen Situationen helfen die folgenden Übungen. Ich persönlich mache diese Übungen gerne gleich nach dem Aufstehen, um optimal vorbereitet in den Tag zu gehen.

a. **Mit ausgebreiteten Armen und hüftbreiten Beinen stehen**
</= 2 Minuten

Skizze von Leonardo da Vincis Vitruvianischem Mann, der auf den römischen Architekten Vitruvius zurückgeht, der 33 – 22 v. Chr. in seinen Zehn Büchern über Architektur auch über die idealen menschlichen Proportionen geschrieben hat.
Da Vincis Auslegung ist eine der berühmtesten und durch seine perfekte Harmonie sicher beeindruckendsten Visualisierungen von Vitruvs' Berechnungen.
©Bigstock

Sie nehmen hier nicht nur Raum ein, sondern öffnen den Brustkorb, weiten die Lungen und schaffen so mehr körperliche Freiheit, die sich auf mentaler Ebene niederschlägt

b. **Klopfen der Thymusdrüse**, 10 - 20 Mal (sanft!)

Die Thymusdrüse gehört zu den Lymphdrüsen und befindet sich hinter dem oberen Ende des Brustbeins. Sie wird auch als Gehirn der körpereigenen Abwehr oder als Schule der T-Lymphozyten bezeichnet und ist vor allem im Kindesalter für die Ausbildung eines starken Abwehrsystems wichtig.

Sie haben vielleicht schon gesehen, dass sich Sportler vor Beginn des Wettkampfes auf die Brust schlagen. Der Grund ist, dass durch das Aktivieren der Thymusdrüse auch das eigene Immunsystem aktiviert wird, d.h. die eigenen Energiereserven werden mobilisiert.

c. **Brustpresse**, 3 x 1 Minute

Legen Sie Ihre Handflächen wie im Gebet vor der Brust aufeinander und pressen Sie sie in raschem Tempo so fest wie möglich zusammen.

Dies ist nicht nur eine ausgezeichnete Übung zur Stärkung der Brust-, seitlichen Rumpf- und oberen Armmuskulatur, sondern ist auch ideal für alle Situationen, in denen man schnell Kraft im übertragenen Sinne braucht – sich also fit, vital und stark fühlen möchte.

Wann sollten Sie diese Übungen am besten in Ihren Tagesablauf einbauen? Hier ein paar Ideen:

Haltung:

Jeden Tag, wenn Sie gekleidet sind. Richten Sie sich entsprechend auf, spüren Sie die Kleidung, spüren Sie, ob und wie sie Sie trägt. Stellen Sie sicher, dass Sie einen Spiegel in Körpergröße haben, vor dem Sie auf und ab gehen können. Wie fühlt es sich an, mit hoch erhobenem Kopf zu schreiten? Wie fühlt es sich an, wenn Sie sich dabei entgegenlächeln?

Das kommt Ihnen anfangs vielleicht etwas dumm vor, aber tun Sie es einfach. Sie wissen ja: hier geht es nicht um das Denken, sondern um das Spüren. Sie ermöglichen Ihrem Körper dadurch das Machen neuer Erfahrungen und Ihrem Geist das Abfahren von neuronalen Autobahnen.

Stift zwischen den Zähnen:

Beim Autofahren, beim Lesen, beim Fernsehen (übrigens: diese Übung vertreibt auch Kopfschmerzen im vorderen Schädelbereich)

Posing:

In einer Pause auf der Toilette, an Ihrem Schreibtisch

Übungen zur Unverletzlichkeit:

Gleich nach dem Aufstehen. Sie brauchen dafür nicht mehr als 5-6 Minuten. Die sollten Sie sich nehmen.

WOCHE 5: SICH STIMMEN

Wer das Ohr beleidigt,

dringt nicht zur Seele vor.

Quintilian, römischer Sprechlehrer

Ich bin nicht in Stimmung." „Das stimmt nicht." „Ich stimme mich ein." „Er hat große Stimmungsschwankungen." ...

Allein diese gängigen Phrasen machen deutlich, wie sehr uns die Stimme bestimmt, wie groß ihr Einfluss auf unser Sein hat, wie sehr sich unser Geist durch sie ausdrückt.

Den engen Zusammenhang zwischen Körper und Geist sehen wir unter anderem wieder wissenschaftlich bewiesen:

1. **Frauenstimmen sind in den letzten Jahrzehnten tiefer geworden**

   Sogar gesellschaftliche Entwicklungen schlagen sich in der Stimme nieder. Dies lässt sich an der weiblichen Tonlage demonstrieren. Stimmlich gesehen, vollzieht sich in Mitteleuropa ein Kulturwandel. Die Stimmen der Frauen haben sich in den vergangenen Jahrzehnten im Schnitt um eine Terz, also um drei bis vier Halbtöne, gesenkt. Eine Folge der Emanzipation, vermuten Soziologen. Eine

Pieps-Stimme sei nicht vereinbar mit dem Selbstbild moderner Frauen. Forscher fanden sogar Unterschiede zwischen einzelnen Ländern, die sich dahingehend interpretieren lassen: So sind etwa die Stimmen von Norwegerinnen tiefer als die der Britinnen oder Italienerinnen. Das ist möglicherweise auch damit zu erklären, dass die Emanzipation in Skandinavien weiter fortgeschritten ist.

2. **Bewusstes Senken der Stimme ist auch individuell und in kurzen Zeiträumen möglich**

Margaret Thatcher senkte ihre Stimme durch intensives Training um eine halbe Oktave.

Ein unbedingtes Muss für alle Frauen, die daran interessiert sind, ihre Fähigkeit zur Macht zu trainieren, ist der biografische Film „Die Eiserne Lady“. Er zeigt, wie Margaret Thatcher ihre Zweifel überwand (unter anderem mit der Hilfe von Männern) und ihre politische Figur Schritt für Schritt aufbaute.

Wenn Sie WICHTIGES zu sagen haben,
verleihen Sie Ihrer Stimme GEWICHT.

5.1 Stimmtraining ist Präsenztraining

Das Interessante ist, dass es auch beim Trainieren einer präsenteren Stimme darum geht, jene Komponenten zu verstärken, die generell mit Präsenz assoziiert werden:

1. **Entspannung**
2. **Raumbeanspruchung**

Das heißt, Stimmtraining ist Präsenztraining.

Wenn Sie an Personen denken, die eine starke Präsenz haben, so stimmen (!) Sie vermutlich mit mir überein, dass diese Menschen Souveränität ausstrahlen. Souveränität wiederum ist mit Sicherheit und deshalb auch Entspannung assoziiert. Jemand, der sich sicher ist, zeigt keine Zeichen von Nervosität, sondern kann ruhig und gelassen sein.

Indem Sie daran arbeiten, Ihre an der Lautbildung beteiligten Muskeln zu entspannen, arbeiten Sie automatisch an Ihrer psychischen Entspannung. Denn, wie wir aus der Körper-Geist-Kybernetik wissen, bewirkt ein bestimmter Muskeltonus bestimmte psychische Zustände.

Außerdem ist für eine kraftvolle Präsenz der Stimme ein entsprechender Resonanzraum nötig. Sie können sich selbst mit einem Saiten-Instrument vergleichen: ihre Stimmbänder sind die Saiten, Ihr Brust- und Bauchraum Ihr Resonanzkörper. Je größer dieser ist, desto größer die stimmliche Bandbreite.

Präsenz wiederum assoziieren wir mit Raumbeanspruchung. Das haben wir bereits im letzten Kapitel ausführlich unter dem Thema

„expansive Power-Posen“ besprochen und geübt. Beim Stimmtraining geht es nun nicht um die Beanspruchung äußeren Raums, sondern um die volle Nutzung unserer inneren Räume. Wir nutzen sozusagen unser gesamtes Raumpotential und können es infolge optimal nach außen wirken lassen.

Wenn wir im 3. Teil, dem „Kommunikationsraum“, bewusst auf Menschen zugehen, Menschen bewusst ansprechen und bewusst Beziehungen gestalten werden, dann ist die Möglichkeit, uns auf diese Begegnungen einzustimmen und an unser volles, stimmliches Potential anzudocken von wesentlicher Bedeutung.

Im folgenden Abschnitt finden Sie einige der wirksamsten Übungen zur Entspannung und zur Erweiterung Ihres Resonanzraums.

Als „Leitbild“ möchte ich Ihnen den Vitruvianischen Mann von da Vinci mitgeben: er ist quasi rund um sein Zentrum aufgebaut. Alle Lebensenergie kommt aus seinem Zentrum.

Wenn die Stimme von dort kommt – aus dem Raum zwischen Ihren Hüften und Ihrem untersten Rippenbogen, dann tönt sie am kraftvollsten, dann trägt sie „Ihr Zentrum“ adäquat nach außen.

5.2 STIMMÜBUNGEN

5.2.1 Entspannung

a. Gähnen

- Die einfachste Übung überhaupt: herzhaftes Gähnen. Strecken und dehnen Sie sich gerne dabei.

  Gähnen entspannt die Kehlkopfmuskulatur und die Stimmbänder und ist daher wunderbar, um danach mit einer wohltönenderen, vollen Stimme sprechen zu können.

b. Eintauchen in die Unendlichkeit

- Sitzen oder stehen Sie aufrecht (Grundhaltung!).
- Atmen Sie aus und lassen Sie die Arme locker seitlich am Körper hängen. Mit dem nächsten Einatmen ziehen Sie die Schultern so weit wie möglich hoch (gedacht bis an die Ohren) und lassen Sie sie dann mit dem Ausatmen auf einen kräftigen Seufzer "ahhh" los. Wiederholen Sie diese Übung dreimal.
- Nun halten Sie Ihren Kopf aufrecht und fokussieren Sie auf einen Punkt auf Augenhöhe in etwa ein bis zwei Metern Entfernung. Dieser Punkt ist der Schnittpunkt eines Unendlichkeitszeichens (Sie können sich auch eine liegende Acht denken).
- Sobald Sie eine Vorstellung von Ihrem Unendlichkeitszeichen/ Ihrer liegenden Acht haben, beginnen Sie damit, mit Ihrer Nasenspitze die Form des Zeichens in kleinen, runden und sanften Bewegungen nachzufahren.

- Achten Sie darauf, dass Ihr Nacken wirklich locker und entspannt, und Ihr Kopf aufrecht ist. Sie spüren sicher sofort, wie sich nicht nur Ihre Nackenmuskeln bewegen, sondern auch Ihre Kehlkopfmuskulatur. Es kann sogar etwas knistern. Je mehr es knistert desto mehr sollten Sie für Entspannung sorgen.

  Umso kleiner und feiner Ihre Bewegungen dabei sind, umso angenehmer und effizienter ist diese Übung für Sie.

- Im zweiten Schritt stellen Sie sich Ihr Unendlichkeitszeichen rechts von sich auf Augenhöhe vor, und beginnen damit, seine Form mit dem rechten Ohr, erneut in sanften, kleinen und runden Bewegungen nachzufahren.

- Nun wandern Sie mit Ihrer Aufmerksamkeit in das linke Ohr und fahren auch hiermit die Form der liegenden Acht mit kleinen, sanften und runden Bewegungen nach.

Sie können die positive Wirkung, welche diese Übung auf Ihre Stimme hat noch verstärken, indem Sie währenddessen in Ihrer Stimmlage leise vor sich hin summen, zum Beispiel auf ein genussvolles „Hmmm…“

Ich empfinde diese Übung immer besonders entspannend, wenn ich dabei die Augen schließe und mir die Unendlichkeit des Meeres vorstelle. Das Unendlichkeitszeichen schwebt dann einfach darüber und ist Symbol für alles, was möglich ist.

Sie werden einwerfen, dass dies nun sehr nach Meditation klingt und Sie haben wie immer Recht. Die Heilkraft von Meditation ist mittlerweile wissenschaftlich belegt. Die oben beschriebene Übung ist ein idealer Einstieg für die Ungeduldigen, die sich bisher nicht mit dem Gedanken anfreunden konnten, lange Zeit still zu sitzen.

c. Kauen

- Stellen Sie sich Ihre Lieblingsspeise vor und nehmen Sie einen herzhaften Bissen davon. Dann kauen Sie – genüsslich und hörbar auf „mnajm, mnajm, mnajm,…"
- Schließen Sie auch gerne hierzu wieder die Augen. Die Kopfbilder werden intensiver, wenn Sie sie von weiteren Eindrücken abschirmen.

5.2.2 Resonanz

a. Bauchatmung, 1

Wiederholen Sie diese Übung 4 – 5 Mal pro Woche. Der Schlüssel zum Erfolg liegt darin, in Ihren Unterbauch zu atmen, anstatt aus Ihrer Brust heraus. Diese Art von Atmen ist deshalb so effizient, da sie erlaubt, eine große Menge Luft langsam und ohne die Stimmbänder zu beanspruchen auszuatmen. Mit ein wenig Praxis funktioniert dies ganz natürlich und langsam.

- Atmen Sie 3 Sekunden lang ein, so dass sich Ihr Bauchraum mit Luft füllt
- Sitzen Sie aufrecht, heben Sie Ihren Kopf etwas höher als normal und öffnen Sie Ihren Mund

- Sagen Sie „AHHHHHHHHHHH", während Sie 6-8 Sekunden lang ausatmen. Halten Sie Ihren Rachen weit geöffnet. Ihre Stimme sollte tief und voll klingen.
- Wenn Sie eine tiefe Vibration in Ihrer Brust spüren, dann wissen Sie, dass Sie dabei sind, eine reiche Resonanz zu entwickeln.

Beachten Sie: es sollte keine Spannung gleich welcher Art auf Ihren Stimmbändern zu Lasten kommen, da korrektes Sprechen sehr wenig Anstrengung für Ihren Körper bedeutet. Sollten Sie jedoch Spannung oder Schmerzen spüren, konsultieren Sie einen Arzt.

b. Bauchatmung, 2

Diese Übung ist auch ideal für einen ruhigen Schlaf, da sie den „Ruhetonus" fördert:

- Legen Sie sich mit dem Rücken auf den Boden.
- Legen Sie die Hände auf Ihren Bauch und schließen Sie Ihre Augen.
- Atmen Sie nun fünfzehn- bis zwanzig Mal tief ein und aus.
- Tief bedeutet, dass sich Ihre Bauchdecke anhebt.
- Atmen Sie so lange aus, so lange Sie noch (gefühlt) Luft in Ihren Lungen haben.

- So steigen Sie ein in den Bereich der Tiefen- bzw. Zwerchfell-atmung.
- Wenn Sie diese Übung noch mit einer entspannenden Musik unterlegen, unterstützen Sie ihren Effekt.

c. In die Ecke tönen

- Nehmen Sie die Grundhaltung ein und richten Sie sich in eine Ecke aus.
- Atmen Sie dreimal ruhig und tief ein und aus.
- Dann atmen Sie ein und legen dabei Ihre Hände rechts und links an Ihre Wangen, so, als ob Sie jemandem nachrufen wollten.
- Beim Ausatmen lassen Sie ein Aaaaaahhhh ertönen.
- Lassen Sie den Ton anschwellen, während Sie ihn mit den Händen begleiten. Öffnen Sie die Hände trichterförmig in Entsprechung des Anschwellens des Tons.
- Lassen Sie den Ton so lange hören, so lange Sie noch Luft zum Ausatmen haben.
- Dann atmen Sie ein und führen dabei die Hände wieder an die Wangen.
- Wiederholen Sie das Ausatmen und „In die Ecke Tönen“ nun auf Eeeeeeehhhh.

- Dann auf Iiiiiiiihhh, Ooooooohhhhh, und Uuuuuuhhhh.
- Spüren Sie, wie Ihr Körper an unterschiedlichen Stellen vibriert, je nachdem, welchen Vokal Sie anstimmen.

Welcher Ton ist für Sie am einfachsten zu halten?

Ich persönliche finde das U wiederum sehr entspannend. Es vibriert fast im Beckenboden und ist daher ein sehr kraftvoller Ton, der aus dem tiefsten Zentrum kommt.

WOCHE 6: RHYTHMISIEREN

Im Anfang

war der Rhythmus.

Hans Guido von Bülow

Als sie gestern nach vielen Jahren ihre alte Freundin wiedertraf, wurde ihr bewusst, wie langsam sie geworden war. Während die andere sie mit einem Redeschwall übergoss, saß sie da und staunte. Wie konnte ein einziger Mensch nur so viele Worte in so kurzer Zeit von sich geben?

Außerdem machte jedes Element in diesem Fluss Sinn, ja nach zwei Stunden Gespräch kam die Freundin erst richtig in Fahrt und entwickelte ein ganzes Launch-Konzept für ein Projekt, das sie bereits aufgegeben hatte, zündete damit einen neuen Funken der Hoffnung. Vielleicht war es ja doch möglich?

Was sie an diesem Abend mit Wucht einholte, war die Erkenntnis, dass sie einmal genauso schnell gewesen war, einmal genauso viel Feuer hatte, einmal so voller Spielräume und Möglichkeiten. Heute jedoch fühlte sie sich allein von den täglichen Aufgaben oft überfordert.

Was in diesen Jahren passiert war, seit sie sich zuletzt gesehen hatten, war eigentlich nur Positives gewesen: sie hatte „ihren Platz gefunden".

Sie war vernünftig und erwachsen geworden.

Vielleicht kennen Sie das Zitat von Jim Rohn: *„Du bist der Durchschnitt der 5 Personen, mit denen du die meiste Zeit verbringst."* Das heißt nicht, dass wir anderen Menschen die Schuld dafür geben können, die Person zu werden, die wir sind, sondern es ist eine – nochmalige – Einladung dazu, unser System aufmerksam zu betrachten und zu erkennen, wer welche Qualitäten in uns zum Vorschein bringt und verstärkt.

Gerade dann, wenn wir erreichen, was wir uns schon lange gewünscht haben, lassen wir in unserer Aufmerksamkeit nach, lehnen uns zurück im Wohlstand und Schritt für Schritt, in sanften Dosen, verlieren wir unsere Spielräume. Äußerlich macht sich das oft durch eine Figur bemerkbar, die mit nicht mehr ganz so viel Spannkraft durch die Welt getragen wird, mehr Schlafbedarf, mehr Alkoholkonsum, mehr Fernsehen und weniger Lektüre, mehr Couch-Potatoe und weniger frische Luft,... Ab einem bestimmten Zeitpunkt merken wir zwar, dass irgendetwas nicht ganz so ist, wie es sein sollte, dass wir irgendetwas auf dem Weg verloren haben, aber die Gewohnheit hat uns träge gemacht. Bis zu jenem Tag, an dem der Weckruf kommt. Wie zum Beispiel in Gestalt einer alten Freundin, eines alten Freundes, und wir uns in ihnen widerspiegeln, entdecken, was wir waren und was wir nun sind.

In dem Zusammenhang fällt mir immer wieder der Animationsfilm *„Bee Movie – Das Honigkomplott"* ein, den ich vor einigen Jahren mit meiner Tochter gesehen habe: die fleißigen Bienen haben einen Weg gefunden, nichts mehr arbeiten zu müssen. Der Anfang vom Ende... Aber wie alle Zeichentrickfilme geht auch dieser gut aus. Eine Empfehlung, wenn Sie sich und Ihre Kinder einmal davon überzeugen möchten, dass Arbeit das Beste ist, was uns passieren kann.

In der Sattheit unseres relativen Wohlstands vergessen wir die Revolutionen, die wir führen wollten, als wir jung waren.

...und indem wir es uns in unseren Systemen gemütlich machen und dabei immer ungelenker, unelastischer und träger werden, bleibt alles beim Alten und nicht nur das: wir leben nur einen Bruchteil des Potentials, das wir leben könnten.

Das ist kein Aufruf dazu, alles, was Sie sich geschaffen haben, was Sie erreicht haben, in Frage zu stellen. Es ist vielmehr ein Aufruf – so wie dieses ganze Buch ein Aufruf dazu ist – achtsam mit den eigenen Ressourcen, den eigenen Vorstellungen, den eigenen Gefühlen umzugehen und aktiv zu fördern, was Ihr Potential unterstützt, was Ihre Möglichkeiten erweitert. Unter anderem auch dadurch, dass Sie sich bewusst mit Menschen umgeben, die Sie inspirieren, genau das zu tun.

Welche Menschen Sie „brauchen", ist weniger davon abhängig, was sie tun, sondern welchen Rhythmus sie haben. Wie in unserem Beispiel gezeigt, kommt ein „Vernünftig-Und-Erwachsen-Werden" oft einer Entschleunigung gleich. Was meist auch gut und heilsam ist, aber wenn Sie dem eigenen Rhythmus völlig zuwiderlaufen, bedeutet dies über die Zeit, dass Sie Energie verlieren.

Genauso, wie wenn Sie jeden Tag zu viel Zeit mit Menschen verbringen, die einfach einen schnelleren Rhythmus als Sie haben. Wenn Sie versuchen sich anzupassen, werden Sie sich letztendlich nur gehetzt und ausgelaugt fühlen.

Im ersten Fall könnten wir vielleicht von „Bore-out" sprechen, im zweiten von „Burn-out". Beides ist ein klares Zeichen dafür, dass jemand gegen den eigenen Rhythmus lebt.

Sind Sie sich Ihres eigenen Lebensrhythmus bewusst?

Wie sind Sie heute Morgen aufgewacht? Nach der inneren Uhr, einem sanften Ton am Smartphone? Oder brauchen Sie ein schrilles Piepen, um den Wecker überhaupt zu realisieren?

Und mit welcher Geschwindigkeit sind Sie gerade JETZT unterwegs? Gab es heute schon Situationen, in denen Sie sich plötzlich unruhiger fühlten? Die Ihr Herz schneller schlagen ließen, Ihren Puls hochtrieben? Warum?

Und wenn Sie durch das Büro gehen: was ist Ihre normale Geschwindigkeit?

Was brauchen Sie, um eine Entscheidung zu fällen? Müssen Sie Dinge vielleicht berühren? Oder müssen Sie sie sehen? Reicht es aus, wenn Sie sich die Dinge vorstellen oder müssen sie hier vor Ihnen stehen?

Und wenn Sie sich mit anderen unterhalten: gestikulieren Sie viel oder bleiben Sie eher ruhig?

Ich könnte hier beliebig lange fortsetzen und Sie werden erkennen, dass Sie jeden einzelnen Moment Ihres Tages nach einem bestimmten Rhythmus leben. Manchmal ist dieser Rhythmus von uns selbst bestimmt, es ist also unser ganz natürlicher Rhythmus – und manchmal ist er fremdbestimmt, also eine Antwort auf externe Faktoren.

Charisma heißt, der dominante Rhythmus im Raum zu sein.

Warum? Weil Charisma heißt, dass der Geist durch den Körper wahrnehmbar wird. In einem solchen Moment sind alle Teile des Körpers wunderbar auf einander abgestimmt und in Harmonie.

Das kann besonders leicht bei guten Vortragenden beobachtet werden: sie reißen uns deshalb so mit, weil ihre Worte auch in ihrer Gestik, Mimik, Stimme, etc. Ausdruck finden. Und zwar synchron, in vollkommener Geschmeidigkeit. Sie ziehen uns damit hinein in ihr Thema, wir schwingen uns auf ihren Rhythmus ein, wir werden atemlos, wenn es um Dramatisches geht, wir beruhigen uns, wenn sie uns eine Lösung anbieten, wir sind begeistert, wenn sie selbst für etwas brennen. Wir leben alle Emotionen durch, und zwar physisch wie psychisch.

Aber dieser Art von Ausdruck werden wir uns auf der dritten Ebene, im Kommunikationsraum, widmen. JETZT und HIER ist nur unser eigener Rhythmus wichtig. Erst wenn wir uns ganz und gar mit diesem versöhnt haben, können wir weitergehen, um andere in unseren Rhythmus einschwingen zu lassen.

Hier klingt schon das Thema „Synchronisation“ an, dem wir uns auf der dritten Ebene ganz spezifisch widmen werden: „Synchronisation“ ist „Gleichschaltung“. Ein Wort, das ungemein negativ besetzt ist, aber auch immer dann zutrifft, wenn es uns so richtig gut geht, wenn wir so richtig in Verbindung sind – mit uns selbst und mit der Umwelt.

Der Rhythmus spielt dabei eine entscheidende Rolle. Denn alles Leben ist Rhythmus, schwingt und vibriert. Wenn alle Elemente im gleichen Rhythmus schwingen, ist dies eine unglaublich große Macht, die dosiert anzuwenden ist.

6.1 Wie Sie zum dominanten Rhythmus werden

a. Den eigenen Rhythmus kennen und in Harmonie mit ihm leben

Jeder Mensch hat einen Grundrhythmus, der sich in der Geschwindigkeit, mit der er die Welt erfährt und mit der er mit dieser kommuniziert, ausdrückt und der ihm ein ganzes Leben lang eigen ist.

Das ist eine wesentliche Feststellung, v.a. wenn es darum geht, die eigene Besonderheit zu verstehen und zu nützen.

Um es plakativ zu sagen: ich kenne aus meinen Trainings und Coachings eigentlich nur einen Typ Mensch: den, der so sein will, wie er nicht ist. Jene, die quirlig und schnell sind, haben das Bedürfnis, ruhiger zu werden und kämpfen immer wieder mit ihrer „Nervosität“. Jene, die ruhig sind, möchten ausdrucksstärker werden, weil sie das Gefühl haben, übersehen zu werden.

Die Lösung liegt nicht im Gegensteuern sondern darin, das eigene Temperament wohlwollend anzuerkennen, anzunehmen und aus diesem Annehmen heraus eine größere Entspanntheit zu entwickeln (erkennen Sie ein Muster?). Ich leihe mir hier gerne das Bild, das eine Seminarteilnehmerin spontan für das Begriffspaar „Annehmen – Akzeptieren“ entworfen hat. Ich denke, Sie verstehen - ohne zusätzliche Worte - was gemeint ist:

Kraft und Ausstrahlung liegen nicht in der Schnelligkeit von Bewegungen, sondern im Bewusstsein der Bedeutung dessen, was sie vermitteln. WIE diese Vermittlung stattfindet, ist dann dem eigenen „Grundrhythmus" geschuldet.

Nur wenn wir MIT unserem Rhythmus arbeiten, werden wir stark und authentisch und aus voller Kraft auftreten und wirksam sein können.

Um den eigenen „Grundrhythmus" voll und ganz annehmen zu können, hilft es, wenn wir uns besser verstehen. Eine der einfachsten Arten der Unterscheidung ist z.B. zwischen „auditiven", „visuellen", „kinästhetischen" und „olfaktorischen/gustatorischen" Typen. Der erste nimmt die Welt prioritär durch das Gehör wahr, der zweite durch den Sehsinn, der dritte durch den Tastsinn und der vierte durch den Geruchs- und Geschmackssinn. Der visuelle Typ ist der Schnellste von den vieren.

Umfassendere Arten der Selbsterkenntnis bieten uns vielerlei Persönlichkeitstests. Mit einem davon arbeite ich selbst immer wieder in Coaching und Training: den „Temperament Sorter" von David Keirsey und Marilyn Bates. Kaufen Sie sich am besten das Buch „Versteh mich bitte", machen Sie den darin enthaltenen Test und lernen Sie sich besser kennen. Lernen Sie außerdem mehr darüber, wie Sie Ihr „Temperament" ideal in der Führung, in der Partnerschaft und als Elternteil einsetzen. (Keirsey & Bates, 1990).

Die erste Übung in dieser Woche widmet sich dem Erkennen Ihres Grundrhythmus und dem Identifizieren der Situationen, in denen Sie voll und ganz im Takt sind sowie jener, die Sie aus dem Takt bringen.

b. Sich auf den jeweiligen Moment einschwingen und den passenden Rhythmus leben

Um durch unsere persönliche Präsenz zu führen, anzuleiten und zu inspirieren, ist es oft notwendig, sich in einen Moment einzuschwingen und der dominante Rhythmus im Raum zu werden *obwohl* Ihnen gerade gar nicht danach ist.

Sie haben das vielleicht schon erlebt: Sie müssen eine wichtige Präsentation halten, eine wichtige Rede, ein wichtiges Meeting und Sie wissen, dass Sie führen müssen, aber Sie fühlen sich nicht entsprechend. Vielleicht, weil Sie die Gruppe Ihrer Zuhörer, eine bestimmte Person oder die Situation als solche verunsichert. Nervös zu sein, nimmt Ihnen jegliche Sicherheit, weil es nicht Ihrem Grundrhythmus entspricht. Nervosität bereitet Sie für die Flucht vor und Flucht ist genau das Gegenteil von Souveränität.

Um solche Situationen zu überwinden und an Ihre eigene Kraft andocken zu können, hilft uns das Prinzip der Körper-Geist-Kybernetik:

Da alle unsere Emotionen mit bestimmten Rhythmen verbunden sind und durch sie ausgedrückt werden, können wir sie verändern, indem wir den Rhythmus verändern.

Zurück zu unseren Blockbustern:

Haben Sie schon einmal bewusst die musische Inszenierung von Filmen wahrgenommen? Wie die Tränendrüsen durch schwere, tragende Musik noch einmal mehr gedrückt werden, oder der Kampfeswille durch Musik mit starken Bässen und oft marschartigen Rhythmen verstärkt wird, oder die Euphorie in einem Crescendo steigt und dann in einem Jauchzen ihren Höhepunkt findet, während der Held/die Heldin dem Sieg entgegenläuft?

Bei Veranstaltungen, z.B. politischer Art, wird dieses Instrument ebenfalls benutzt. Und je größer die Masse, desto besser wirkt der Rhythmus. Alle großen Redner der Geschichte und der Gegenwart haben sich die Musik zunutze gemacht, um ihre Ziel noch wirksamer zu erreichen.

Wir allerdings nützen dieses Werkzeug meist viel zu sporadisch, viel zu wenig strategisch für uns selbst.

Dabei könnten wir unsere eigenen Ängste und miesen Stimmungen oft mit einem einzigen Lied loswerden.

Das ist der Grund warum Motivationstrainer die Erstellung eigener Musiklisten empfehlen: um jedem Tag von Anfang an die richtige Schwingung, den richtigen Rhythmus zu geben.

Die richtige Playlist zur richtigen Zeit kann Wunder bewirken. Ich habe mir zum Beispiel auf Spotify eine sogenannte „Kick-Starter-Playlist" erstellt, die mich ganz sicher in eine positive, mutige Stimmung versetzt. Die Wirkung ist ungefähr wie die von zwei Minuten Power-Posing. So kann ich sicher sein, dass ich in den wichtigen Momenten ohne zu zögern mutig und kraftvoll präsent bin. Wenn Sie nicht wissen, wo Sie mit Ihrer Playlist starten sollen, dann lade ich Sie herzlich ein, auf „meiner“ Welle mitzusurfen. Sie finden mich unter meinem vollen Namen auf Spotify.

Eine andere Musikliste wiederum inspiriert mich beim Schreiben. Sie ist die typische „Künstler-Playlist“: melancholisch-depressiv mit positiven Zwischenklängen. ☺

6.2 ÜBUNG 1: SPÜREN

Hintergrund

Wenn Menschen von ihrer Burn-out – Erfahrung erzählen, fällt irgendwann im Laufe der Erzählung dieser Satz: „ich habe mich nicht mehr gespürt:“

Sie haben nicht mehr gespürt, wann es genug und schon zu viel war. Sie sind wie ein Duracell-Hase gelaufen, wie ein Hamster im Rad. Immer in derselben hohen Geschwindigkeit. Und je erfolgreicher umso mehr. Der überraschende Ausstieg des Weltmeisters Niko Rosberg aus der Formel 1 und die verständnislosen Reaktionen zeigen, womit „Erfolg“ immer noch assoziiert wird: mit konstanter und sich stets steigernder Leistung bis zum „Abwinken“.

Das Charisma-Konzept will Sie ganz bewusst dazu ermutigen, auf die Bremse zu steigen (oder auf's Gas zu drücken) und das Leben bewusst im eigenen Rhythmus zu leben.

Faktum ist, dass Sie nichts erreichen können, was für Sie und für andere wichtig ist, wenn Sie sich selbst auf dem Weg untreu werden.

Frauen könnten diesem Bewusstsein schon von Natur aus näher sein, da der weibliche Zyklus die Leistungsfähigkeit extremen Schwankungen aussetzt. Jene, die in einer Welt der nach wie vor herrschenden männlichen Erfolgsstandards wirklich Erfolg haben möchten, liegen oft im ständigen Kampf mit dem eigenen Körper.

Und obwohl durch Ernährung, Sport und sogar durch im 4. Kapitel angesprochenes Power-Posing der Testosteronlevel beeinflusst werden kann, ist auch dies nur in Grenzen sinnvoll, wenn wir unsere Persönlichkeit gesamtheitlich weiterentwickeln und stärken möchten. Was haben wir davon – was hat die Welt (!) davon – wenn lauter harte DurchgreiferInnen in ihr herumlaufen?

Ziel:

➔ den eigenen Rhythmus bewusst spüren und **mit** ihm schwingen lernen (anstatt gegen ihn)

Was Sie dazu brauchen:

✓ die unten stehenden Fragen als Anregung

Anleitung:

1. Lesen Sie sich die folgenden Fragen durch und nehmen Sie sie mit durch die nächste Tage

2. Schreiben Sie Ihre Erkenntnisse, Ihre Erfahrungen in Ihrem Tagebuch nieder

3. Ziehen Sie Schlüsse daraus und vollziehen Sie bewusst Änderungen in Ihrem Alltag/von bestimmten Anlässen, um Ihrem Rhythmus besser gerecht zu werden

FRAGEN

1. Hat Ihr Start in den Tag für Sie die richtige Geschwindigkeit?

- Haben Sie den richtigen Wecker-Ton am Smartphone eingestellt? (= soll Sie aufwecken, aber nicht in Unruhe versetzen)
- Haben Sie genug Zeit für sich selbst?

Hintergrund: ganz egal, wie schnell Ihr natürlicher Rhythmus ist, gefühlter „Stress“ ist immer schlecht. Wenn Sie also so spät wie möglich aufstehen, um dann nur mehr aus dem Haus hetzen zu können, um rechtzeitig am Arbeitsplatz oder beim Bus zu sein, leben Sie gegen Ihren Rhythmus.

2. Was brauchen Sie, um Entscheidungen fällen zu können?

- Von wem und in welcher Form benötigen Sie Informationen (visuell aufbereitet, vorgetragen, Unterlagen zum Anfassen und Notizen machen)?
- Müssen Sie Überlegungen durchsprechen?
- Haben Sie sofort ein Bild vom Ergebnis?
- Müssen Sie sich dafür bewegen?

Hintergrund: hier kommen die Präferenzmuster ins Spiel, mit denen wir unsere Umwelt wahrnehmen und sie für uns verarbeitbar machen. Wenn Ihnen visuelle und auditive Informationen wichtiger und einfacher zugänglich sind, dann gehören Sie zu den eher schnellen Menschen, die auch vom Arbeitsrhythmus her mit höherer Geschwindigkeit unterwegs sind.

Wenn Sie lieber „Handfestes" haben, dann könnte es gut möglich sein, dass Sie zu den „Haptikern" gehören, die – da die Haptik ein „langsamer" Sinn ist – auch grundsätzlich bedächtiger unterwegs sind.

Es ist wichtig, bewusst mit diesen Bedürfnissen zu arbeiten und sie auch zu artikulieren, um sicher zu stellen, dass Sie mit der eigenen Entscheidung, der eigenen Arbeit zufrieden sind und auf diesem Moment der Zufriedenheit wiederum aufbauen können.

Halten Sie sich stets vor Augen, dass ein „Werkstück" immer nur der Steigbügel für das nächste ist. Alles, was Sie tun, was Sie in die Welt setzen, sollte Ihnen so weit wie möglich entsprechen, damit Ihnen auch das Ziel, auf das diese einzelnen Stücke hinführen, voll und ganz Ihnen entspricht.

Das Leben entsteht aus einer Kette von Momenten:

je „richtiger" Sie jeden Moment leben, desto mehr wird Ihnen dieses Leben entsprechen und als geglückt und erfolgreich erscheinen.

Geben Sie also Acht auf jeden einzelnen Moment **und halten Sie sich für wichtig genug**, diesen Moment so zu gestalten, wie er Ihnen am besten entspricht.

3. Wenn Sie telefonieren:

- Stehen Sie?
- Sitzen Sie?
- Gehen Sie herum?
- Zeichnen Sie etwas?
- Notieren Sie mit?

Hintergrund: Auch hier können Sie Rückschlüsse auf Ihr „Temperament“ – also auf Ihren natürlichen Rhythmus ziehen. Wenn Sie unbeobachtet sind, geht das am einfachsten. Und Sie erkennen dann auch, was Sie brauchen, um in Situationen, in denen Sie sich auf jemand anderen konzentrieren müssen, z.B. im Meeting, Ihre Konzentration trotzdem zu halten. Wie Sie sich also wappnen müssen, um „bei der Sache“ und gleichzeitig „elastisch“ (= aktions- und reaktionsfähig) zu bleiben. Wagen Sie, dieses Bedürfnis zu artikulieren.

Wenn Sie z.B. in Meetings regelmäßig Anspannung verspüren, weil Sie zu lange sitzen müssen, warum erklären Sie dann nicht von Anfang an, dass Sie ab und zu einmal aufstehen werden oder überhaupt lieber stehen?

Wenn Sie während eines Telefonats gern zeichnen, um Spannung loszuwerden oder um sich das Gespräch im wahrsten Sinne des Worte aufzuzeichnen, warum nehmen Sie dann nicht einfach Block und Bleistift selbst in ein Online-Meeting mit, um daneben mitzeichnen zu können?

Gerade zu letzterem ein Hinweis: aus diesen Kritzeleien hat jemand eine Form der Visualisierung gemacht und es als „Auf der Serviette erklärt“ weltweit verkauft (Roam, 2009).

Erkennen Sie das Prinzip:

Nur aus dem, was Sie eigen macht,
können Sie Eigenes machen.

4. Wie schnell ist Ihr normales Schritttempo?

Kein Hintergrund, eine Anekdote vielmehr: Manchmal erinnere ich mich mitten im Gehen an eine Aussage meines Großvaters: *„Martina, wie willst du je verliebt mit einem Mann Arm in Arm schlendern können? Du hast einen Schritt wie ein Bauer in Gummistiefeln!"* Ich war damals 14, 15 Jahre alt und ich muss gestehen, ich habe meinen schnellen, weit ausholenden Schritt immer noch (Verliebtheit scheint allerdings das Tempo zu drosseln…).

Während ich 2016 für meinen ersten (und letzten) Marathon (viel zu wenig) trainierte, hatte ich die Idee, die 42,195km vielleicht einfach zu gehen. Immerhin kam ich im Training auf 9km/Stunde.

Sie sehen, ich bin eher schnell unterwegs, was aber im Berufsleben (vor allem, wenn man mit anderen zusammenarbeiten soll) nicht nützlich ist. Deshalb arbeite ich auch alleine. So kann ich meine eigenbrötlerischen Extrarunden drehen, ohne dass es jemandem auffällt.

Wenn Sie zu den Schnellen gehören und in einem Team arbeiten, müssen Sie zwei Gefahren ausschalten:

1. Die Gefahr, Arbeit für andere zu übernehmen, nur um Leerlauf zu vermeiden. Dies ist besonders für jene eine Gefahr, die eine Führungsposition anstreben

2. Die Gefahr, zu viele Themen anzureißen und zu schnell in deren Erklärung zu sein, weil für Sie alles klar ist (Sie haben die Sache ja schon x-mal durchgedacht), aber für andere ganz neu. Dadurch verlieren Sie das Team.

Sie erkennen: es gibt viele Möglichkeiten, sich seines Rhythmus bewusst zu werden und genau darauf zu achten, wann Sie ihn verlieren, d.h. wann aus energiegeladener Spannung Verspannung wird, die Sie je nach Temperament entweder hemmt oder zum cholerischen Ausbruch bringt.

Wichtig ist, aus diesem Bewusstsein Schlüsse zu ziehen und eine der folgenden drei Möglichkeiten wählen:

1. **Die Situation *sofort und langfristig* umgestalten**:
   vom Aufwachen über Besprechungen bis hin zum Schlafen-Gehen, was können Sie tun, um mehr in Ihrem Takt zu sein? Oft reichen Kleinigkeiten, um eine Situation besser für Sie zu gestalten. (Stehen statt sitzen, 5 Minuten früher aufstehen, genaue Zeiten für eine Open-Door-Policy einhalten,...)

2. **Sich selbst *langfristig* weiterentwickeln:**
   hinterfragen Sie bestimmte Muster und überlegen Sie anhand von Beispielen aus Ihrem Leben, ob diese Muster Ihnen zuträglich sind. Zum Beispiel Schnelligkeit: wo dient sie Ihnen? Wo war sie bisher hinderlich? Was gibt es für Strategien, sich zu entschleunigen? Viele sehen etwa in der Meditation eine sehr hilfreiche Praxis der Entschleunigung. Oder Sport. Oder bewusste Zeit mit der Familie,...

3. **Sich *kurzfristig* so zu beeinflussen, dass Ihr Rhythmus zur Situation passt.**

   Dem widmet sich die nächste Übung.

6.3 ÜBUNG 2: KREIEREN SIE IHREN RHYTHMUS

Ziel

➔ Ihren eigenen Rhythmus ganz gezielt zu beeinflussen – und zwar tagesaktuell und je nach Notwendigkeit

Was Sie dazu brauchen

- ✓ Einen Musik-Streaming-Dienst (Spotify, Amazon Music, iTunes, Google Music,...)
- ✓ Zeit

Anleitung

- Wenn Sie wenig Zeit haben, suchen Sie einfach mit dem Stichwort „Motivation“ bereits bestehende Musiklisten.
- Wenn Sie etwas mehr Zeit haben, kreieren Sie sich Ihre eigene Musikliste – wenn Sie einmal in Übung sind, geht das ja ganz einfach. Achten Sie unbedingt darauf, dass diese jederzeit für Sie nutzbar ist (Smartphone, iPod, etc.), damit Sie sie auch spontan und dann zur Hand haben, wenn Sie sie brauchen.
- Setzen Sie diese Musik bewusst ein, um sich in den passenden Rhythmus zu versetzen

Im Zwischenraum

Stellen Sie sich Folgendes vor:

Sie wachen morgens auf, von angenehm rhythmisierten Klängen, mobilisieren Ihre Energie, indem Sie die Thymusdrüse sachte klopfen und von dort ausgehend vielleicht sogar den ganzen Körper – an den Außenseiten der Arme hinunter zu den Fingerspitzen und dann über die Innenseite wieder zurück zur Brust, dann auf einer Körperseite und den Beinen entlang zu den Füßen, auf der Innenseite der Waden und Schenkel hinauf und dann das andere Bein hinab und an der Außenseite wieder hinauf zur Brust, abschließend ein paar sanfte Kreise über den Bauch.

Dann machen Sie ein paar Brustpressen und zeigen sich dabei im Spiegel bei einem breiten Lächeln so richtig schön die Zähne.

Sie überlegen sich, welche Herausforderungen dieser Tag bringen wird, wen Sie treffen und welchen Eindruck Sie bei diesen Menschen hinterlassen möchten und wählen die entsprechende Kleidung, die Sie sicher tragen wird und Sie adäquat repräsentiert (wir kommen dazu noch im 3. Teil).

Dann haben Sie Zeit für Frühstück in der Form, wie es Ihnen gut tut und nun sind Sie bereit, um sich der äußeren Welt zu öffnen.

In den öffentlichen Verkehrsmitteln fokussieren Sie nicht auf Ihr Smartphone, sondern betrachten die Menschen um Sie herum. Wie sie gekleidet sind, womit sie beschäftigt sind, wie sie kommunizieren – und

Sie stellen Überlegungen darüber an, was diese Menschen bewegt. Sie versuchen, hinter die Fassade zu blicken und die non-verbalen Botschaften zu entschlüsseln. Sie spüren vor allem, welchen Eindruck jemand auf Sie macht und Sie sind sich bewusst, aus welchen Beobachtungen dieser Eindruck entsteht.

Wenn Sie hingegen mit dem Auto unterwegs sind, lassen Sie das Radio abgeschaltet und gönnen sich einen Moment der Stille, lassen Ihre Gedanken laufen, beobachten vielleicht auch die anderen Fahrer. Oder Sie legen Ihre Playlist ein und stellen sich die Begegnungen mit den Menschen vor, die an diesem Tag stattfinden werden. Und wenn Sie sich nicht so stark fühlen, wie Sie das gerne hätten, nehmen Sie den Stift zwischen die Zähne und zeigen der Welt Ihr stärkstes Lächeln.

Als Sie ins Büro treten, tun Sie dies bewusst. Sie treten ein – Sie treten auf. Sie spüren die Umgebung, die Atmosphäre, Sie schwingen sich ein.

Und während der Tag seinen Lauf nimmt, nehmen Sie sich immer wieder „heraus": Sie machen sich immer wieder Ihre Haltung bewusst und wie sich Ihr Körper darin fühlt. Sie machen sich bewusst, wie Sie jemanden im Gespräch ansehen. Sie wissen, wann Sie die Haltung wechseln müssen, um sich entspannt und trotzdem handlungsbereit zu fühlen.

Und wenn Sie ein Gefühl der Unruhe überkommt, suchen Sie sich den richtigen Song auf Ihrer Musikliste. Oder schließen die Tür und machen sich richtig groß. Und gähnen dabei vielleicht sogar.

Am Abend kommen Sie entspannt nach Hause. Sie sind zufrieden, denn Sie konnten heute aus Ihrer Kraft heraus wirksam sein. Sie sind

Menschen begegnet und Sie wissen, dass Sie durch die Kraft, die direkt aus Ihrem Zentrum strömt, einen Eindruck hinterlassen haben. Sie wissen, dass Sie die erste Brücke zu diesen Menschen gebaut haben und Sie wissen, dass es nun einen Weg zwischen Ihnen gibt.

Genau um diesen Weg geht es im nächsten Teil.

Genau um diese Brücke zum Anderen.

Bauen wir sie. Ganz bewusst. So, dass sie trägt.

3. TEIL

IM KOMMUNIKATIONSRAUM = DER TREFFPUNKT

Wir reden zu viel. Wir verbarrikadieren uns hinter einem Schutzwall von Worten... (1. Einleitung zu Teil 3)

Das ist nun die richtige Einführung in das Thema „Kommunikation“, mögen Sie denken. Zu Recht und doch nicht ganz. Lassen Sie mich deshalb noch einmal beginnen:

Sind Sie schon einmal porträtiert worden? Nein? Dann sollten Sie sich diesem Erlebnis einmal ausliefern. Ja, ich sage ganz bewusst „ausliefern“, denn es gibt kaum Intimeres als diese Erfahrung. Ich hatte erst vor kurzem das Vergnügen sie zu machen und sie hat mich dazu inspiriert, die ersten Zeilen dieses 3. Teils neu zu schreiben.

Der Prozess des Porträtierens ist ein Prozess des Sich-Vertraut-Werdens: man trifft sich mit einer Person und hat eine vage Vorstellung von ihr. Man tauscht sich aus, erzählt von sich und fragt den anderen, nur um die Nervosität zu überspielen, die sich als Konsequenz des Betrachtet-Werdens unweigerlich ausbreitet. Wenn die Augen eines anderen sich von der Oberfläche wegbewegen um jedes Detail wahrzunehmen, ja mehr noch, hinter das Offensichtliche zu blicken suchen, fühlt man sich ausgesetzt, berührt. Und die Frage ist, ob man sich stark genug fühlt, um diese Berührung jenseits der Oberfläche, diesen Blick hinter die Wand zuzulassen.

Wenn man sich entschließt, dies zuzulassen, dann beginnen irgendwann die Worte weniger zu werden und eine Stille greift Raum. In dieser Stille entwickelt sich das, was der Quantenphysiker Hans-Peter Dürr als jene Kraft bezeichnet hat, die erst Realität schafft, die also „reines Potential“ ist: Beziehung. Aus der Beziehung zwischen zwei Elementen entsteht Realität. Dürr ist sogar so weit gegangen zu sagen, dass – da die höchste Form der Beziehung die Liebe ist – ohne Liebe nichts existieren würde. (Dürr, Wir erleben mehr als wir begreifen, 2002)

Wer sich diesem Prozess aussetzt, muss es wagen, die Masken fallen zu lassen, denn entgegen der Fotografie bedarf das Malen einiger Stunden. Man muss wagen, durch das reine Selbst-Sein „Eindruck zu machen". Und dieser „Eindruck", den der Künstler von der Person bekommt, *dieser Eindruck verschafft sich im Bild Ausdruck. Ohne Eindruck kein Ausdruck.*

Jetzt verstehen Sie meinen Umweg vielleicht.

„Charismatisch zu sein" heißt,
bewusst zuzulassen, auf andere Eindruck zu machen
und es als logische Konsequenz anzunehmen,
dass diese Menschen ihrem Eindruck in ihrem Verhalten
Ausdruck verleihen.

Ganz praktisch gesagt, arbeiten Menschen mit einer charismatischen Führungskraft mit einem Gefühl von Sinnhaftigkeit und sind motiviert von einem inneren Bedürfnis, ihr Bestes zu geben…. weil die Führungskraft den Eindruck macht, dass dieses Projekt von persönlicher Bedeutung für sie ist, und dass diese Menschen, dieses Team von persönlicher Bedeutung für sie sind. Die Führungskraft wagt es also, sich auszusetzen und zu zeigen, was ihr wichtig ist. Erst dadurch gewinnt das Jeweilige an Wichtigkeit für die mitwirkenden Personen.

Diese Art von Führung braucht das größte Verantwortungsgefühl, weil sie alle Beteiligten potentiell verletzlich macht. **Indem Sie zeigen, was Ihnen wichtig ist, machen Sie sich genau in diesem Punkt verwundbar**. Aber ohne diese Verwundbarkeit geht es nicht.

Schauen Sie in die Geschichte, schauen Sie rund um sich, schauen sie in die fiktionale Welt der Romane und Kinofilme: sie werden erkennen, dass die charismatischen Menschen immer aus einer Schwäche heraus stark geworden sind. Sie werden keinen einzigen Charismatiker finden, der nicht deutlich gemacht hätte, wofür er/sie steht und was ihn/sie daher unglaublich verwundbar macht. Nur dadurch konnte die charismatische Person andere „inspirieren", kommunikationstechnisch ausgedrückt: „synchronisieren".

Ohne Eindruck kein Ausdruck.

Krassimir Kolev

JA, es braucht MUT, um charismatisch zu sein.

- Sie müssen wagen, sich den Blicken anderer auszusetzen.
- Sie müssen wagen zu zeigen, was Ihnen so wichtig ist, dass es Sie sogar verwundbar macht.
- Sie müssen wagen, für etwas zu stehen und mit einer Sache/einer Idee identifiziert zu werden.

Und vor allem:

Sie müssen wagen, Verantwortung dafür zu übernehmen

Ihre eigenen Spuren im anderen zu sehen.

Es ist Zeit. Zeit, Ihre ultimativen Wirkkräfte in Bewegung zu setzen. Zeit, Beziehungen ganz bewusst zu beginnen und zu entwickeln. Zeit, Funken zu zünden und Spuren zu hinterlassen. (2. Einleitung zu Teil 3)

Wir betreten nun den „Kommunikationsraum". Er ist der Ort, an dem Sie Menschen treffen und auf sie wirken. Dies ist der Raum, der so viel Macht hat, dass er gefährlich ist.

Aus diesem Grunde war die intensive Vorbereitung nötig. Sie können die Instrumente, die ich Ihnen nun an die Hand gebe, zum Positiven und zum Negativen einsetzen. Ich hoffe, Sie setzen Ihre Macht weise ein.

Wenn ich von „Macht" und „Instrumenten" spreche, erwarten Sie sich vielleicht ein ganzes Arsenal an kommunikativen Werkzeugen. Täuschen Sie sich nicht. Es gibt viele Werkzeuge, aber manche sind effektiver als andere. Und genau diese und ihre zugrundeliegenden Prinzipien sind Thema des dritten Teils.

Was ich hier von vorneherein ausschließen möchte, ist Kommunikation zur Informationsvermittlung. Es geht hier nicht um die Frage, wie Sie sich verständlich machen. Es geht um die Frage, wie Sie *wirken* und *einwirken wollen und werden*.

Es geht also um die Beziehungsebene mit dem anderen, um jene Ebene, auf der entschieden wird, ob man Ihnen vertraut oder nicht, ob man Ihnen folgt oder nicht, ob man Sie für kompetent und fähig hält oder nicht, ob man Sie als sympathisch einschätzt oder nicht, ob man Sie überhaupt bemerkt oder nicht, welche Macht man Ihnen zuschreibt und wie lange man sich an Sie erinnert.

In dieser Beziehungskommunikation gibt es, wie oben angesprochen, zwei wesentliche Wirk-Stränge:

1. Wie SIE wirken
2. Wie Sie ein-wirken, das heißt, wie sich andere fühlen, wenn Sie mit ihnen kommunizieren

Diesen Unterschied zu erkennen ist vital, um effektiv kommunizieren zu können:

- ➔ Im ersten Fall geht es darum**, im Anderen ein Bild der eigenen Person zu kreieren**, das der Situation entsprechend machtvoll ist.
- ➔ Im zweiten Fall geht es darum, **im Anderen ein Bild seiner selbst zu kreieren**, das in dieser Situation ebenso machtvoll ist.

Es geht also auf beiden Seiten um Ermächtigung, deren Urheber oder Urheberin SIE sind.

Bringen wir die Theorie auf den Boden:

Wenn Sie eine Führungskraft sind, die möchte, dass sich ihr ganzes Team ins Zeug legt, um eine bestimmte Vorgabe zu erreichen, dann müssen Sie Ihre Teammitglieder in dem Sinne ermächtigen, dass sie sich zutrauen, die Vorgabe zu erfüllen – z.B. weil sie kompetent und energiegeladen genug sind, weil sie sich aufeinander verlassen können, weil jeder einzelne weiß, dass das Projekt ohne ihn/sie nicht gelingen wird.

Gleichzeitig muss Ihr Team aber auch den Eindruck haben, dass Sie mächtig genug sind, um es erfolgreich nach außen zu vertreten und alle Ressourcen zu bekommen, die es braucht.

Das heißt: Sie werden als mächtig wahrgenommen und die Team-Mitglieder nehmen sich selbst durch Sie als „ermächtig“ wahr.

Sie könnten natürlich einfach mit Druck und Drohungen arbeiten. Aber das wäre ein anderes Buch. Hier geht es um „Charisma“, also um eine Art der Beeinflussung, die Menschen „intrinsisch“ motiviert, die Menschen dazu bewegt, „freiwillig“ etwas zu tun, weil sie davon überzeugt sind. Ich setze „freiwillig“ ganz bewusst unter Anführungszeichen, weil alles und zu jeder Zeit unter dem Eindruck von irgendetwas oder irgendjemandem passiert. In diesem Falle unter Ihrem Eindruck.

In Woche 7 geht es zunächst um die Werkzeuge der „non-verbalen Synchronisation“, das heißt, der Beeinflussung durch non-verbale Wirkmechanismen. In Woche 8 widmen wir uns der „para-verbalen Synchronisation“, also der Macht der Stimme und der „verbalen Synchronisation“, das bedeutet der Beeinflussung durch das Wort. Wir decken beides in derselben Woche ab, weil stimmliche Synchronisation und sprachliche Synchronisation unzertrennbar sind.

„Synchronisation“ heißt in diesem Fall, dass andere Menschen so fühlen und deshalb auch geneigter sind so zu denken, wie Sie.

In der 9. Woche schließlich verbinden wir alles miteinander und stellen sicher, dass sich die Spirale, die wir mit der ersten Woche begonnen haben, in eine Aufwärtsbewegung zu versetzen, auch weiter nach oben dreht.

Woche 7: Non-Verbale Synchronisation

Die Weisen verstehen einander,
ohne dass sie erst der Worte bedürfen,
sie reden zu einander ohne Worte.

Lü Buwei

Können Sie sich noch daran erinnern, als plötzlich das optische Erblühen Angela Merkels in aller Munde war? Man schrieb das Jahr 2005, in dem sie ihre Karriere als Regierungschefin Deutschlands antrat und die sie bis zum Erscheinen dieses Buches hält. Sie avanciert damit zur längst-dienenden Regierungschefin der EU. Die bis dahin stets Unterschätzte lief zu ihrer Höchstform auf und wurde mit einem Mal repräsentabel. Ihr Netzwerk erinnerte sich daran, mit welcher Stabilität sie der Partei gedient hatte, in welch bescheidener Art sie ihre Aufgaben geregelt hatte – sie schien nicht gefährlich zu sein und in jedem Fall glaubhaft und kompetent.

Was hier für die ganze Welt sichtbar wurde, war ein Prinzip der non-verbalen Wirksamkeit: **ein Mensch muss so aussehen, wie jemand, den man sich in der jeweiligen Position vorstellt.** Das heißt, eine Führungskraft muss so aussehen, wie man sich eine Führungskraft vorstellt.

Deshalb gibt es in der Öffentlichkeit (!) keine weiblichen Führungskräfte in Miniröcken, Overknees und tiefen Ausschnitten. Es gibt in der Öffentlichkeit (!) keine männlichen Führungskräfte in Birkenstock-Schlapfen und Tank-Tops („Ruderleiberl" auf gut Österreichisch).

Wenn Sie nun einwerfen, dass Steve Jobs sehr wohl mit Birkenstock-Sandalen durch die Welt gelaufen ist und sich einen Dreck um repräsentables Aussehen scherte, so nehme ich die Herausforderung gerne an und lade Sie ein, gerade diese Figur näher zu betrachten:

Steve Jobs agierte in einem Umfeld, das bis dahin noch völlig unbearbeitet war. Mit den Apple-Produkten kreierte er völlig Neues in einer Branche, die ohnehin für „außerhalb der Norm" stehend bekannt war und ist. Die Tech- und Digital-Branche steht per definitionem außerhalb des normalen Rahmens, weil ihre Produkte nicht die Gegenwart sind, sondern die in die Gegenwart hereinreichende Zukunft.

Wenn Sie allerdings zum Vergleich die CEOs von Samsung betrachten, so werden Sie feststellen, dass sie aussehen, wie Führungskräfte weltweit. Samsung will auch nicht besonders kreativ sein, sondern einfach nur die beste Software für eine breite – auch wenig kreative – Zielgruppe bereitstellen.

Die erste Regel des Charismatikers ist dieselbe wie die jeder erfolgreichen Marke:

Sei so, wie der Rest in deiner Branche, nur ein bisschen anders.

Im Detail liegt der Unterschied – und durch das Detail werden Sie unterscheidbar, bleiben gleichzeitig aber akzeptabel.

7.1 DIE ELEMENTE DER NON-VERBALEN KOMMUNIKATION UND IHRE BEDEUTUNG FÜR DIE SYNCHRONISATION

Bevor wir uns intensiver dem Thema „Kleidung und Stil" und ihrem Einsatz in der non-verbalen Synchronisation widmen, lassen Sie uns sehen, was überhaupt zu den non-verbalen Elementen gehört und jene definieren, welche sich besonders für den Zweck der Synchronisation eignen:

Non-Verbales Element	**Aussage**	**Für Synchronisation**
Kleidung/Stil	Beschreibt die Persönlichkeit mit einem einzigen Bild und macht eine Status-Aussage	Sehr wichtig
Haltung	Gibt Aufschluss über das Energieniveau und die Aggressionsbereitschaft	Sehr wichtig
Gestik	Gibt Aufschluss über Energieniveau und Zugänglichkeit	Sehr wichtig
Blickkontakt	Gibt Aufschluss über das Selbstbewusstsein	Sehr wichtig
Mimik	Gibt Aufschluss über Stimmung und Zugänglichkeit	Sehr wichtig

Non-Verbales Element	Aussage	Für Synchronisation
Kontakt-verhalten	Macht eine Status-Aussage	Sehr wichtig
Raumverhalten	Macht eine Status-Aussage	Weniger wichtig
Zeitverhalten	Macht eine Status-Aussage	Weniger wichtig

Sie sehen, fast alle Elemente eignen sich vortrefflich, um unsere Wirkung auf andere Menschen und das Gefühl, das Menschen im Kontakt mit uns haben, gezielt zu steuern.

7.1.1 Kleidung/ Stil

Kleidung ist nur ein Element der non-verbalen Kommunikation, macht aber eine der stärksten Aussagen über die Persönlichkeit eines Menschen:

1. **„Angepasst oder rebellisch?“** und davon abgeleitet eine Aussage über Wertehaltungen
2. **Höherer Status oder niedrigerer Status?**

Sobald Menschen uns sehen, werden sie uns aufgrund unserer Kleidung in eines dieser Schemata pressen und sich entsprechend verhalten. Natürlich können wir sie überraschen und im weiteren Kontakt zeigen, dass wir einfach die Dress-Code—Empfehlung überlesen oder missdeutet haben und nicht wegen unserer rebellischen Persönlichkeit in T-Shirt und Fetzen-Jeans zum Business-Event gekommen sind. Oder dass wir trotz unserer angepassten Kleidung völlig revolutionäre Gedanken vorbringen und uns vielleicht gar als Trojanisches Pferd entpuppen.

Aber abgesehen von solchen Fällen der Unbedarftheit oder bewussten List kann man davon ausgehen, dass sich Menschen immer ähnlich der Gruppe kleiden, zu der sie gehören wollen. Deshalb hält sich der Schulter- und Raumbetonende Dress-Code im Business auch so hartnäckig.

Und das bringt uns wiederum zum zweiten Teil der Aussage, der Status-Aussage: Wenn ein Mensch sich an seine Gruppe anpasst, bleibt ihm noch die Qualität der Kleidung und das Verwenden von Status-Symbolen, um sich von anderen zu unterscheiden. Die Macht von Kleidung und Stil ist aus einer Jahrtausende alten Tradition der Männlichkeit auf dem Schlachtfeld erwachsen. Letztendlich ist die moderne Wirtschaft nichts anderes als der moderne Kampfplatz, auf dem nach wie vor dieselben Mechanismen herrschen, auch wenn die Symbole der Macht eines nach dem anderen, vor allem dank einer jungen, selbstbewussten Generation von Arbeitnehmern und Arbeitnehmerinnen (weniger aufgrund der Frauen auf dem Feld) fallen.

Wie können Sie nun Kleidung zum Zwecke der Synchronisation einsetzen, das heißt, um Menschen auf Ihre Wellenlänge zu bringen und von dem überzeugen, was Sie anzubieten haben?

Nun, Sie können mit der Wahl Ihrer Kleidung und Ihres Stils die Voraussetzung dafür schaffen, Menschen von sich zu überzeugen. Wie oben erwähnt, sind alle Positionen, ja sogar alle Rollen mit bestimmten Assoziationen verknüpft, die sich wiederum in bestimmten Bildern ausdrücken. Die Ausformung der jeweiligen Assoziationen in bestimmten Bildern mag je nach Kultur etwas unterschiedlich sein, aber immer nur im Detail.

Im Großen Ganzen ist die Macht-Position in allen Kulturen mit Stärke, Entschiedenheit, Durchsetzungskraft und Distanz assoziiert. Das Bild dazu trägt, egal in welcher kulturellen Nuancierung, immer die Elemente Größe/Fülle, Eckigkeit, farbliche Abgehobenheit (z.B. Schwarz, Weiß, Gold, Purpur).

Wenn ich ...

Mutter, Vater, Terrorist, Bundespräsident, Assistentin, Börsianer, Umweltaktivistin, Buddhist, Model, IT-Spezialist, Hackerin, Schauspieler, Pop-Ikone ...

...sage, haben Sie sofort ganz bestimmte Bilder im Kopf und Gefühle im Bauch und im Herzen.

Nehmen wir an, man kündigt Ihnen den Besuch von jemandem an, den Sie nicht kennen, der/die aber eine der oben genannten Rollen innehat. Wählen Sie egal welche. Welche Erwartungen haben Sie dann an diese Person? Wie soll sie sein? Wie sollte sie aussehen?

Sie haben also Erwartungen – und Ihre Mitmenschen haben Erwartungen an Sie. Wenn Sie diese Erwartungen erfüllen, ist es gut. Wenn Sie sie übererfüllen, ist es besser. „Übererfüllen“ meint hier nicht, dass

Sie besonders viel tun, dass Sie besonders „tüchtig“ sein sollen – sondern dass Sie die „**einzige** Alternative für die Aufgabe/die Position/die Problemlösung/…“ werden.

Und dass Sie Erwartungen übererfüllen können, dafür sollten Sie den ersten Baustein richtig setzen, indem Sie den richtigen Stil wählen.

Übung 1 wird Ihnen dazu eine Anleitung liefern.

©Bigstock

7.1.2 Haltung

Wir haben uns dem Thema Haltung ja aus einer Innensicht heraus bereits in Kapitel 4 gewidmet. Jetzt geht es darum, die richtige Haltung für die Wirkung nach außen einzunehmen.

Wie in der Tabelle oben beschrieben, sagt die Haltung einerseits etwas über das Energieniveau eines Menschen aus – die Muskelspannung, die wir in unserer „Grundhaltung" verspüren, überträgt sich automatisch nach außen.

Andererseits bewirkt Ihre Haltung (und jede Änderung derselben) ein bestimmtes Gefühl in Ihrem Gegenüber. Wenn Sie etwa aufrecht, elastisch und kraftvoll gehen, wird Ihr Gegenüber einerseits den Eindruck gewinnen, dass Sie ein selbstbewusster, fitter und womöglich kompetenter Mensch sind. Gleichzeitig wird sich Ihr Gegenüber in Abhängigkeit von seinem eignen Selbstbewusstsein sicher oder unsicher fühlen. Mit etwas Übung können Sie dies an der Körperhaltung des anderen ablesen. Wenn sich der andere fast unmerkbar duckt oder sogar größer macht und versteift, können Sie davon ausgehen, dass Sie ihn einschüchtern.

Wenn Sie die starke Präsenz Ihrer Haltung nun etwas zurücknehmen – z.B. indem Sie den Kopf neigen und sich damit nicht nur optisch verkleinern sondern auch den Hals als Friedensangebot zeigen – werden Sie merken, wie sich Ihr Gegenüber sofort entspannt.

Achtung! Immer wieder treffe ich auf sehr große Seminarteilnehmer und Coachees, die versuchen, ihren Mitmenschen die Angst zu nehmen, indem sie sich bewusst kleiner machen. Das resultiert dann unweigerlich in einer schlechten Haltung: vorgezogene, hängende

Schultern, vorgezogene Hälse und irgendwann natürlich in Rückenschmerzen. Tun Sie das bitte nicht. Selbst wenn Sie noch so krumm dastehen, werden Sie groß bleiben. Nützen Sie vielmehr Mimik und Gestik, um Ihrer Größe die Wucht zu nehmen.

Wie vorher bereits angedeutet, können Sie durch Ihre Haltung den Gefühlszustand in anderen verändern und ihre Erwartungen an Sie steuern. In Übung 2 zu dieser Woche vertiefen Sie sich in diese Fähigkeit.

7.1.3 Gestik

Haben Sie schon einmal versucht, jemanden mit verschränkten Armen zu begrüßen? Nein? Warum nicht?

Wenn Sie dieses Buch mit einem westlichen „Mindset“ lesen, stimmen Sie mit mir überein, dass der Akt des Grußes mit einer Öffnung verbunden ist. Sie zeigt sich, indem wir eine Hand ausstrecken oder beide Arme öffnen, vielleicht auch die dominante Hand ans Herz legen und eine kleine Verbeugung machen, in jedem Fall aber vollziehen wir je nach Art der Beziehung, eine graduell abgestufte, physische Öffnung.

Das bedeutet, dass „Arme verschränken“ mit „sich verschließen“ gleichzusetzen ist? Nicht ganz. Natürlich kann es auch einfach nur ein Ausdruck dafür sein, dass jemandem kalt ist. Manche sagen auch, es sei einfach bequemer. Das ist verständlich, aber dennoch wird die Geste dadurch nicht einladender.

Denken Sie an das Gesetz der Körper-Geist-Kybernetik: wie - im wahrsten Sinne körperlich – aufnahmebereit sind Sie, wenn Sie die

Arme verschränken? Nun, wenig bis gar nicht, würde ich sagen. Wenn Ihnen kalt ist, ist das auch richtig: Sie wollen sich verbarrikadieren, schützen und keine weitere Kälte aufnehmen.

Wenn Sie allerdings mit jemandem sprechen, wie offen – wiederum im rein physischen Sinne - können Sie für die Schwingungen sein, die vom anderen ausgehen? Denn Worte sind nur Schwingungen, die nicht nur in Ihr Ohr dringen, sondern Sie ganz einfach körperlich berühren können.

Wenn Sie die Arme verschränken, ist eine „Berührung" im tatsächlichen und im übertragenden Sinn nicht möglich.

Denken Sie an alle möglichen Situationen, in denen Sie mit jemandem übereinstimmen, sich begeistern und berühren lassen: können Sie das in einem „verschränkten" Zustand?

Können Sie mit verschränken Armen zum Zeichen der Zustimmung innerlich laut „Ja!" rufen? Können Sie herzhaft lachen?

Und wenn Sie nun jemanden zu überzeugen suchen und diese Person Ihnen mit verschränkten Armen gegenübersteht, was empfinden Sie?

Wenn Sie also meinen, dass es einfach nur bequem sei, mit verschränkten Armen zu stehen und Sie gleichzeitig ohnehin ganz offen für das Gespräch und den anderen Menschen sind, denken Sie nochmals. Ja, es mag bequem sein. Genauso bequem wie es ist, sich in seiner eigenen Position einzusitzen und nicht davon wegzubewegen.

Achtung! Wenn Sie sich als Führungskraft mit verschränkten Armen auf einem Foto in Szene setzen, ist das etwas völlig Anderes. Natürlich drücken Sie auch hiermit aus, dass Sie einen eigenen Standpunkt haben und diesen auch vertreten. Als Führungskraft müssen Sie sich abgrenzen, um entscheiden zu können. Mit einem Foto wollen Sie aber nicht „synchronisieren", Sie wollen nur einen bestimmten Aspekt hervorstreichen und in eine Richtung kommunizieren. Zum Beispiel könnten Sie in Woche 3 ein Foto von sich mit verschränkten Armen gewählt haben, weil Sie mehr Kantigkeit, mehr Klarheit, mehr Standhaftigkeit für sich wünschen. Sie werden mittlerweile schon die ersten Effekte davon spüren und das ist sicher gut so.

Die beiden grundlegenden Prinzipien von Gestik lauten, unabhängig davon, mit welchem Temperament Sie gesegnet sind, folgendermaßen:

1. **„Je offener außen, desto offener innen."**
2. **„Je zentrierter, desto kraftvoller."**

„**Offenheit**" im Außen, also im Ausdruck des Körpers vermittels Ihrer Gestik, kennt viele graduelle Abstufungen, die einerseits kulturellen Unterschieden zuzuschreiben sind und andererseits von der Persönlichkeit ganz generell (Stichwort „extrovertiert" versus „introvertiert") und von der individuellen Befindlichkeit im jeweiligen Moment abhängen. Diesen Abstufungen allein sind ganze Bücher gewidmet und ich halte eigene Seminare dazu ab. Sprich: man kann das Thema im Detail beleuchten. Hier reicht es für uns vollkommen aus, dieses Prinzip zu kennen und seine Wirkung zu erspüren. In Übung zwei finden Sie, in Kombination mit Ihrer Haltung, eine entsprechende Anleitung zur Sensibilisierung.

Was ist nun mit „**zentrierter Gestik**" gemeint? Nun, wie wir von unserer Körperarbeit her wissen, ist unser Kraftzentrum tatsächlich in etwa in unserer Körpermitte, zwischen Hüfte und unterem Rippenbogen. Alle Bewegungen, die von dort ausgehen, werden von Betrachtern als kraftvoll wahrgenommen und von uns selbst als ebenso bewusst und kraftvoll empfunden. Alles, was weiter nach unten weist, wird mit „ausrinnen/ abtun/ wegwerfen" assoziiert. Wenn wir sagen *„Er lässt die Hände sinken"*, so meinen wir, dass er aufgibt, dass er sich nicht mehr wehrt, dass er keine Kraft mehr hat. Und mit *„sie legt die Hände in den Schoß"* meinen wir, dass sie faul und untätig ist.

Wenn die Gestik jedoch weiter nach oben geht, dann wird damit ein „Erbitten von Kraft" – aus dem Universum, von einem Gott, vom Schicksal - assoziiert. Probieren Sie es doch gleich aus: heben Sie die Arme nach oben – es muss gar nicht über die Schultern gehen, strecken Sie sie einfach über Ihre Mitte, oberhalb des Rippenbogens.

Wie fühlt sich das an? Automatisch haben Sie auch die Schultern gehoben, haben damit Ihren Hals eingezogen, sich kleiner gemacht, um der Kraft außerhalb Ihrer selbst mehr Macht zu geben. Das bedeutet, auch eine Gestik nach oben lässt Sie schwach aussehen und sich schwach fühlen.

Achtung: auch hier liegt der Unterschied im Detail. Wenn Sie Ihre Arme so richtig schön ausstrecken und gegen Himmel richten oder einfach nur weit zur Seite und nach oben strecken, dann öffnen Sie sich auch dem „Universum", der Kraft, die sich einfach „Leben" nennt. Das hat nichts mit Schwäche, sondern mit Eins-Sein zu tun. Allerdings werden Sie diese Geste auch nicht im Gespräch mit anderen machen, sondern für sich allein. Sie hat also einen anderen Platz, eine andere Bedeutung.

Um beide Prinzipien wirksam in der non-verbalen Synchronisation anzuwenden, müssen wir sie in Kontext zu Haltung, Mimik und Blickkontakt setzen.

7.1.4 Blickkontakt

Es gibt ein Schlüsselelement in der Kommunikation, das von den wenigsten in seiner ganzen Tragweite erkannt, geschweige denn eingesetzt wird: der Blick. Dabei wäre es so einfach. So viele Bemühungen könnte man sich sparen, so viele überflüssige Worte weglassen, wenn man es einfach nur wagen würde, den anderen wahrhaftig anzusehen: so, als ob man interessiert wäre, diesen Menschen tatsächlich zu *erkennen*. Ein solcher Blick würde den Beginn einer Beziehung, eines echten Austauschs zwischen zwei Menschen, bedeuten. Es würde bedeuten, dass man sich im besten Sinne des Wortes mit jemandem konfrontiert. Dass man hinter die Oberfläche schauen möchte und den anderen auch erkennen lässt, was einem selbst wichtig ist, ja, welche Zweifel man vielleicht auch hat.

Erst auf dieser Ebene ist eine Beziehung möglich, auf deren Basis Neues wachsen kann. Das bedeutet nicht, dass wir alles vom anderen wissen müssen. Es bedeutet, dass wir an diesem Menschen jenseits seiner Position und „Funktion" interessiert und offen dafür sind, uns jederzeit überraschen zu lassen von den Fähigkeiten und Ressourcen, die dieser Mensch mitbringt.

Denken Sie wieder an Menschen – reale, fiktionale, historische Menschen - die Sie als charismatisch empfinden und fragen Sie sich: wodurch haben sie es geschafft, das zu tun, was sie letztendlich getan haben? Wie schaffen sie es immer wieder, vielleicht sogar Sie selbst zu motivieren und zu inspirieren?

Sie werden erkennen, dass es die Beziehung ist, die zwischen Ihnen stattfindet. Die zwischen diesen Personen und anderen Menschen stattfindet.

Die Essenz von Charisma ist Beziehung.

„Die Augen sind das Fenster zur Seele". Dieses Zitat ist uns allen bekannt. Die Recherche nach dem Urheber bringt, wie so oft, keine eindeutigen Ergebnisse. So wird es Hildegard von Bingen (1098 – 1179) genauso zugeschrieben wie Leonardo da Vinci (1452 – 1519). Vermutlich aber haben es schon die alten Griechen verwendet. Was ich damit sagen will: wie so oft liegt die Wahrheit direkt vor unserer Nase, aber wir haben durch „Intellekt-Fokussierung" den natürlichen Draht dazu verloren.

Wenn Sie Menschen die Möglichkeit geben, Ihnen in die Augen zu sehen, ist es so als würden Sie ihnen eine Tür zu Ihre Seele öffnen. Dies ist ein Geschenk, das deshalb so bedeutsam ist, weil Sie sich damit in besonderer Weise öffnen und potentiell verletzbar machen. Allein der Mut, den Sie dadurch zeigen, verleiht Ihnen in den Augen des anderen eine besondere Stellung. Wenn wir dieses Element der non-verbalen Kommunikation bewusst einsetzen, haben wir Kontrolle über uns selbst und über das Ergebnis. Wir können also ganz klar festlegen, welche Botschaften wir senden, was und wie tief der andere sehen soll.

Darum war es mir so wichtig, die Arbeit mit dem Geist und dem Körper der charismatischen Kommunikation voranzustellen: weil es in der Kommunikation darum geht, die zuvor gewonnene innere Klarheit und Gewissheit anderen genauso klar und unmissverständlich darzubringen.

Um eine überzeugende Botschaft durch Ihren Blick zu senden, müssen Sie selbst überzeugt sein.

Um sich anderen nicht auszusetzen, wenn Sie sie in sich hineinsehen lassen, müssen Sie aus einer tiefen Kraft schöpfen können. Diese Kraft entsteht aus einer starken Verbindung mit sich selbst.

Die Arbeit mit dem Blick ist in Übung zwei einbezogen.

7.1.5 Mimik

Im Gegensatz zum Blick, dessen wir uns meist bewusst sind, weil wir durch ihn ja Eindrücke erhalten – wir wissen also, wohin wir schauen und mit welcher Intensität - sind wir uns unserer Mimik selten bewusst. Erst, wenn uns jemand darauf anspricht, bekommen wir ein Bild von uns selbst.

Hier scheint mir ein kleiner Exkurs zum Thema Feedback angebracht:

Es ist schon fast 25 Jahre her, ich saß in einem Verhandlungssaal der Europäischen Union in Brüssel, gemeinsam mit einer Gruppe weiterer junger Menschen, die sich für den Beitritt Österreichs zur EU engagierten, und lauschte dem Vortrag eines Vertreters. In der folgenden Fragerunde meldete ich mich ebenfalls zu Wort und der Angesprochene leitete seine Antwort mit den Worten ein: „Ich nehme an, Sie sind Journalistin?"

Nun, ich studierte zwar Publizistik, aber vom Journalismus war ich weit entfernt. Ich fragte nach dem offiziellen Teil, was ihn denn zur Annahme verleitet hatte und er sagte „Sie sehen so aus. Sie haben diesen skeptischen Blick." Erst in dem Moment wurde ich mir meiner Skepsis-Falte zwischen den Auenbrauen bewusst.

Echtes Feedback ist ein großes Geschenk. Es hilft uns, Licht auf unsere blinden Flecken zu werfen, also jene Stellen zu erhellen, deren wir uns selbst nicht bewusst sind. Allerdings sind wenige bereit, von sich aus ungefragt Feedback zu geben. Einerseits, weil sie selbst viel zu unbewusst sind und ihre Beobachtungen daher zu flüchtig, um echte Rückschlüsse zu erlauben. Andererseits, weil Feedback entweder mit

Lob oder mit Kritik gleichgesetzt wird und keines von beiden ist wirklich wünschenswert.

Lob auszusprechen heißt, sich über den anderen zu stellen. Nur wenn ich glaube, dass es so, wie ich es mache, perfekt ist, kann ich loben. Ansonsten kann ich nur Anerkennung aussprechen und Feedback geben: eine Beobachtung wiedergeben, ihre Wirkung auf mich formulieren und dann vielleicht noch eine Empfehlung oder einen Tipp aussprechen.

Bei den meisten scheitert Feedback an der mangelhaften Beobachtung. Sie formulieren sofort eine Wirkung, ein Gefühl, ohne recht zu wissen, woraus es entsteht. Und aus der Angst heraus, etwas Falsches zu sagen – sowohl wenn es um kritisches Feedback als auch um positives ginge – sagen sie gar nichts. Solches Feedback hilft außerdem niemandem etwas zu verändern. Denn wie soll man einen Eindruck verändern, wenn man nicht weiß, woraus er entsteht?

Man muss sich Feedback also meist selbst holen (oder auf die eigenen Kinder hören, solange man das Glück hat, dass sie einem noch bereitwillig sagen, was sie wahrnehmen), um die eigenen blinden Flecken bewusst zu erhellen. Seit ich damals nachgefragt habe, um den „Journalisten-Eindruck" zu klären, erinnere ich mich immer wieder daran, meine Gesichtsmuskeln zu lockern, wenn ich einem anderen aufmerksam zuhöre. Ich weiß nun, dass das aufmerksame Zuhören, das natürlich mit einem „Verschaltungs- und Kategorisierungsprozess" einhergeht, nach außen hin einen skeptischen bis abschätzigen Eindruck machen kann und das möchte ich nicht.

Zurück also zu Ihrer Mimik: manche Menschen liest man wie ein offenes Buch, andere sind meisterhaft im Zeigen eines Poker-Faces. In jedem Fall aber spiegeln sich im natürlichen, unbewussten Zustand die Emotionen im Gesicht wider. Es zeigen sich die Grundlinien der Persönlichkeit und es ist wichtig, sich dieses Ausdrucks bewusst zu werden.

Oft zeigt sich nicht nur die eigene Persönlichkeit, sondern auch die Persönlichkeit derer, mit denen man die meiste Zeit verbringt, Personen, die wichtig sind: Eltern, Partner vor allem. Daher stammt der Witz von der Ähnlichkeit zwischen Hund und Herrl oder das Sprichwort „Wie der Herr so is‘ G'scher". Je länger man sich mit bestimmten Menschen umgibt, desto mehr gleicht man sich an. Der Grund liegt in unserem Bedürfnis des Verstanden-Werdens, des Dazu-Gehörens. Die physiologische Grundlage für dieses Anpassen und „Verstehen durch Anpassung" liegt in den sogenannten Spiegelneuronen, die ab unserer Geburt darauf ausgerichtet sind, uns zu einem Teil der Gesellschaft, in die wir hineingeboren wurden, zu machen. Durch Nachahmung beginnt das Kind zu verstehen, was die ihn umgebenden Menschen und zunächst die engste Bezugsperson fühlen. Die Mimik ist hier der bedeutsamste Schlüssel zum Verständnis einer Person.

Wenn wir nun die Mimik als Teil der non-verbalen Synchronisation einsetzen, so können wir dies in zweifacher Weise tun:

1. **Indem wir die Mimik des anderen spiegeln, können wir uns in ihn hineinversetzen, begeben uns auf seine „Welle" und zeigen ihm damit, dass wir „auf seiner Seite sind".**

Dies hilft innere Widerstände abzubauen und unterstützt die Öffnung für den Dialog und dafür, was Sie zu sagen haben. Außerdem finden Sie tatsächlich Zugang zur Gefühls- und Bedürfnislage des anderen, was es Ihnen ermöglicht, eben darauf einzugehen.

2. **Indem wir universelle, non-verbale Codes der Offenheit, der Freundlichkeit und des Verständnisses zeigen, signalisieren wir dem anderen genau diese Werte und erleichtern auch dadurch die Öffnung für den Dialog und Ihre Botschaft.**

Die „universellen, non-verbalen Codes der Offenheit, der Freundlichkeit und des Verständnisses" muss ich Ihnen nicht erklären. Seit der Erfindung der „Emoticons" weiß jeder Handy-Besitzer, welche Gesichtsausdrücke wofür stehen. Gerade die Verwendung einiger weniger Illustrationen, um weltweit dieselben Gefühle auszudrücken, belegt eindrucksvoll, wie sehr uns die non-verbale Sprache als Menschheit verbindet.

Sie sehen auch hier wieder, dass „Synchronisation" nichts ist, was Sie nicht ohnehin tun. Den Unterschied macht nur das Bewusstsein darüber aus.

In Übung zwei nehmen wir auch dieses Element in die Praxis mit.

Die einzige Sprache, die jeder versteht, ist die Sprache des menschlichen Gesichts.

Ernst Bloch

7.1.6 Kontaktverhalten

Der Umgang mit Kontakt ist großen kulturellen Unterschieden unterworfen und deshalb global gesehen weniger wichtig für die Synchronisation, im Einzelfall kann er aber entscheidend sein für die endgültige Bindung.

Berührung hat etwas Vertrautes, etwas fast Intimes, etwas Exklusives. Die Berührung kann daher erst ganz am Schluss des Prozesses des Sich-Vertraut-Machens stattfinden. Erst dort hat sie ihren Platz, erst dort dient sie dem Besiegeln des Bandes. Und ab dann wird sie zum Zeichen der Erneuerung des Bandes, jedes Mal, wenn sie sich vollzieht.

Zwischen Männern geht es dabei oft um ein Abklatschen („Give me Five") und einen freundschaftlichen Schlag auf die Schulter, auch um Umarmung. Frauen gehen meist subtiler vor, legen sachte eine Hand auf den Handrücken oder auf den Arm des/der anderen. In jedem Fall kommt die Berührung immer von vorne oder von der Seite, nie jedoch von hinten. Das würde einem Überfall gleichkommen und wiederum eine Statusbotschaft geben: „Ich stehe über dir."

*Matthew Immergut und Mary Kosu*t (Immergut & Kosut, 2014) haben 2014 in einer Studie die Macht der „**Charismatischen Berührung**" belegt. Sie haben darin festgestellt, dass Charisma durch eine Dynamik von Distanz und Nähe „aufrechterhalten" wird und daraus ergibt sich, dass diese Beziehung bereits bestehen muss.

Seien Sie also achtsam im Umgang mit Berührung und verwenden Sie dieses Element nur, wenn Sie sicher sind, dass Sie damit eine Beziehung „besiegeln" können.

7.1.7 Raum – und Zeit-Verhalten

Wenn ich in Seminaren die Frage nach der Interpretation dieser beiden Elemente der non-verbalen Kommunikation stelle, dann kommt meist die Vermutung, dass man während einer Besprechung oder eines Vortrages die Zeit einhält, einen bestimmten Sprechrhythmus verwendet und den Raum entsprechend nützt.

Das ist zum Teil richtig. Die fehlenden Teile sind:

1. Sie geben mit dem Zeitpunkt Ihres Erscheinens (vor Beginn, punktgenau, zu spät) bei einem Treffen eine deutliche Botschaft über Ihren Status in Relation zum Status der anderen und machen außerdem eine deutliche Aussage über Ihre Werte und Wertschätzung
2. Je nachdem wie Sie den Raum in Relation zu den anderen nützen, machen Sie ebenfalls eine Aussage über ein etwaiges Machtgefälle. Stehen Sie etwa hinter der Person oder knapp vor einer sitzenden Person, so ist das eine äußerst bedrohliche Haltung, die den Aufbau einer „charismatischen" Beziehung sicher nicht fördert

Kurz gesagt, wie Sie mit Ihrer Zeit und mit Ihrem Raum in Relation zu anderen umgehen, sendet eine deutliche Botschaft über die Beziehung, die Sie mit den anderen eingehen wollen oder bereits führen.

Die Varianz in der Aussage, die Sie durch diese beiden non-verbalen Elemente machen können, ist limitiert. Deshalb sind sie für uns zum Zwecke der Synchronisation auch von geringer Bedeutung.

Das Raumverhalten gewährt hierbei noch mehr Möglichkeiten, vor allem, wenn es um Verhandlungssituationen geht, in denen Sie ganz bewusst mit dem Raum „zwischen Ihnen“ spielen können. Ich möchte darauf in diesem Buch aber nicht eingehen, da die Bedeutung in Verhandlungen zwar groß sein kann, aber für den charismatischen Effekt sehr gering ist. Und diesem widmen wir uns hier.

7.2 Übung 1: Mit dem Stil den Rahmen setzen

Jeder gilt in dieser Welt nur so viel,
als wozu er sich selbst macht.

Adolph Freiherr von Knigge

Hintergrund

Wir sind in anderen als emotional aufgeladenes BILD gespeichert. Daher kommt auch der Ausdruck „Image“ im Zusammenhang mit Selbstdarstellung. Wir haben dazu ja bereits in Woche 3 eine Übung gemacht. Sie haben sich Bilder herausgesucht, die für Sie einen emotionalen Anker für Ihre Selbst-Entwicklung bzw. Ihre Selbst-Bestätigung (Ja! So bin ich!) darstellen könnten.

Diese Bilder waren auf Sie selbst bezogen. Nun geht es darum, auch den anderen ein jeweils passendes Bild zu zeigen.

Die Umwelt reagiert nur auf das, was wir ihr zeigen. Auf klare Botschaften.

Ziel

➔ das passende „Bild“ für jeden sozialen (= wenn Sie mit Menschen zusammentreffen) Moment zu kreieren

Was Sie dafür brauchen

✓ Ihren Kleiderschrank

Anleitung:

1. **Vorbereitung:**
   gehen Sie Ihren Kleiderschrank durch und stellen Sie Outfits zusammen, die Ihre unterschiedlichen Seiten/ Eigenschaften repräsentieren. In der Tabelle unten finden Sie einige Ideen und Assoziationen, die Menschen ganz einfach aufgrund von jahrelangem Lernen in unserer Gesellschaft zu bestimmten Kleidungsstilen haben.
2. **Wählen Sie das passende Outfit für Ihren Tag.**

- Denken Sie bewusst an Knigges Zitat. Es ist ein optimales Leitmotiv für Ihre Wahl.
- Überlegen Sie, wen Sie treffen und welche Position Sie gegenüber diesen Menschen einnehmen (wollen).
- Was wollen Sie mit diesen Menschen erreichen?
   a. Wollen Sie sie zur Zusammenarbeit gewinnen/ wollen Sie ihnen das Gefühl geben, mitgestalten zu können?
   b. Wollen Sie sich als Leader positionieren?

c. Wollen Sie sich als vertrauensvolle Ansprechperson positionieren? d. Wollen Sie sich als kreatives „Element“ einbringen?

Die unten stehende Tabelle ist bei weitem nicht komplett, sie soll nur ein Gefühl für die Unterschiedlichkeit der Ausstrahlung geben, die durch einzelne Stilelemente und –kombinationen unterstützt wird.

Ideal: probieren Sie Ihre verschiedenen Outfits an und lassen Sie sich filmen. Sehen Sie sich so, wie andere Sie sehen und entwickeln Sie Bewusstsein für Ihre Ausstrahlung im jeweiligen Outfit.

Sie werden erkennen: je akzentuierter Ihr Stil (Farbe/Schnitt/Materialien/Raumfassung), desto akzentuierter Ihre Ausstrahlung desto distanzierter auch die Beziehung, die Sie mit anderen aufbauen!

Seiten der Persönlichkeit	**Stil-Elemente**	**Assoziationen**
Sportlich – natürlich	• natürliche Materialien • locker geschnitten • mittel-tonige Farben • Accessoires aus Naturmaterialien (z.B. dünne Lederarmbänder) • keine besonderen Modeteile	– entspannt – will sich nicht in den Vordergrund drängen – „Teamgeist“ steht im Vordergrund

Seiten der Persönlichkeit	Stil-Elemente	Assoziationen
Sportlich – ehrgeizig	• natürliche Materialien in Kombination mit modernen • figurbetont/ schnittig • Accessoires, die die Sportlichkeit betonen (z.B. große, sportliche Uhren) • mode-/trendbewusst	– zielorientiert – vorwärtsstrebend – leistungsbereit – kämpferisch – fordernd – motivierend
Kompetent	• Geradlinigkeit (hier fallen die typischen Business-Outfits hinein) • dezente Farben • dezente Accessoires	– anpassungsfähig – verlässlich – teamorientiert
Kompetent, mit Führungsanspruch	„Akzentuierte Geradlinigkeit“: • kräftigere Farb-Kombinationen • „Statement-Pieces“ (z.B. große Uhr, farbiger Schal, großer Schmuck) • Materialien mit Aggressionspotential (z.B. Lederjacken, Lederrock) • maßgeschneiderte Anzüge oder bewusst modische Elemente (momentan z.B.	– Hebt sich ab – hat keine Scheu gesehen zu werden – dominant – richtungsweisend

	die starke Weite bei Damenhosen + männliche Schuhe) • nimmt mehr Raum ein durch große Accessoires und/oder „Komplettheit" des Looks: Sakko/Weste/ Jacke über Bluse/Hemd/ Oberteil. Strümpfe bei Kleidern und Röcken. Lange Socken bei Herren, etc.	

In Seminaren unternehme ich manchmal, wenn es thematisch passt, zu Beginn den Versuch, die mir zuvor völlig unbekannten Teilnehmer nur auf Basis der wenigen Handlungen, die ich beobachten konnte und der Kleidung, die sie tragen, zu charakterisieren. Einerseits ist es ein Selbst-Test, andererseits die erste Übung für die Teilnehmer, die ihnen die Relevanz genauer Beobachtung und vor allem ihres konstanten non-verbalen „Redeflusses" aufzeigt.

Wie immer und überall: Das Geheimnis liegt im Detail.

Stile haben sich, wie unsere selbst-kreierten Systeme, allmählich entwickelt und werden ab einem gewissen Punkt einfach unbewusst perpetuiert. Mit dieser Übung möchte ich Sie ermutigen, sich wieder einmal ganz bewusst anzuschauen und mit dem Blick eines anderen wahrzunehmen.

7.3 ÜBUNG 2: SYNCHRONISATION AB DEM 1. MOMENT

Und jedem Anfang wohnt ein Zauber inne,
der uns beschützt und der uns hilft, zu leben.

Hermann Hesse

Stellen Sie sich vor...

Sie haben Ihr Outfit gewählt und treten nun in einen Raum ein. Die Menschen sehen zunächst nur Ihren „Rahmen" (Ihren Stil) und in Zusammenhang mit Ihrer Haltung stellt sich unwillkürlich ein Gefühl, eine Erwartung bei diesen Menschen ein. Sie werden Sie automatisch in eine bekannte Kategorie „ablegen" (siehe oben in der Tabelle: „Assoziationen"), denn das verleiht ihnen Sicherheit und Kontrolle. Wenn sie Sie nicht einschätzen können, ist das nur dann gut, wenn Sie Menschen bewusst überraschen wollen – z.B. könnte das bei Change-Projekten wichtig und richtig sein.

Ansonsten ist die klare – und richtige! - Einschätzung von absolutem Vorteil, weil sie die ideale Gesprächsbasis schafft. Jeder weiß, was er von Ihnen erwarten kann und wenn er das auch bekommt, fühlt er sich bestätigt und außerdem kann die Beziehung sofort ohne weiteres „Abchecken" und die damit verbundene Skepsis und Zurückhaltung beginnen.

Nun setzen Sie weitere Elemente der non-verbalen Kommunikation ein, um mit Menschen ab dem ersten Moment in Verbindung

zu treten und die Beziehung nach Ihrem eigenen Wunsch zu gestalten: Haltung, Blick, Mimik, Gestik.

Ziel

➔ Mit anderen bewusst Kontakt aufnehmen und die Beziehung von Anfang an leiten.

Was Sie brauchen

✓ Bewusstsein über die non-verbalen Elemente

Anleitung:

1. **Wenn Sie nun diesen Raum betreten, versuchen Sie, die Personen eine nach der anderen für einen kurzen Augenblick wirklich mit dem Blick zu erfassen.**

   Streifen Sie sie nicht nur, sondern halten Sie sie kurz fest und grüßen Sie sie in Gedanken.

   Es mag im ersten Moment esoterisch für Sie klingen, aber auch Sie haben schon einmal den Blick in Ihrem Rücken gespürt. Wir spüren, wenn uns jemand ansieht, wenn uns jemand Energie schickt.

   Es geht nicht um einen starren Blick, sondern um die Botschaft im Blick: *„Hallo, ich sehe dich/ hallo, ich grüße dich/ Hallo, schön, dass du da bist/…"*

   Der Unterschied zu dem, wie wir es meist machen ist: wir grüßen in Gedanken nicht nur die, die wir schon kennen oder wegen derer wir überhaupt hier sind. Wir erfassen den ganzen Raum und füllen so den ganzen Raum mit unserer Energie.

Sie kennen das Gefühl, wenn jemand durch seine Energie angekündigt wurde. Sie haben die Person gespürt, bevor sie da war. Das hat etwas mit Fokus, mit der Ausschließlichkeit des Da-Seins zu tun. Wir haben dies in all den bisherigen Wochen immer wieder angesprochen und geübt.

Es ist das Resultat des Bewusstseins, mit dem wir irgendwo auftreten.

2. **Wenn Sie nun auf jemand Spezifischen zugehen, dann seien Sie sich Ihrer Gedanken bewusst:**

   Was sagen Sie dieser Person schon bevor Sie überhaupt bei ihr ankommen? Diese Botschaft wird durch die Augen ausgedrückt. JEDER ist in der Lage, andere Menschen zu lesen. Unbewusst tun wir es alle. Diesen Prozess bewusst zu gestalten – das Lesen genauso wie das Senden – verleiht uns unglaubliche Macht. Und Ausstrahlung IST Macht.

   Sie können das Kommunizieren über den Blick ganz einfach üben: z.B. mit Ihrem Partner, Ihrer Partnerin (das nennt sich zu Beginn übrigens „Flirten" – und wir sollten das wohl öfter machen) oder mit Freunden.

3. **Achten Sie auf Ihre Hände**

Halten Sie sie ganz bewusst sichtbar, strecken Sie sie dem anderen zumindest angedeutet entgegen, seien Sie sich Ihrer körperlichen Öffnung bewusst

4. **Wenn Sie die Person begrüßen, schauen Sie ihr in die Augen und schütteln die Hände so lange, bis Sie die Augenfarbe eindeutig erkannt haben.**

   Die Augenfarbe ist hierbei nur ein Hilfsmittel, um Ihren Blick genau in der richtigen Dauer auf Ihrem Gegenüber zu halten.

5. **Je nachdem, wie dominant Sie auftreten wollen, legen Sie den Kopf leicht schräg**

   = „ich leihe Ihnen ein Ohr"/ „ich zeige Ihnen meinen Hals als Zeichen der Unterwerfung"/ „von mir ist nichts Böses zu fürchten"

   oder schauen Sie der Person gerade in die Augen

6. **Nennen Sie bei der Begrüßung die Person beim Namen**

   Wenn Sie sie neu kennenlernen, wiederholen Sie den Namen noch bevor Sie die Hand wieder loslassen. Das hilft Ihnen, sich den Namen auch tatsächlich einzuprägen, denn Sie werden ihn wieder brauchen. Der Name ist einer der wichtigsten Worte für eine Person. Er ist schließlich das erste „Identifikationsmerkmal", das jemand von sich mitbekommt. Noch bevor wir wissen, wie wir uns in dieser Welt bewegen, wissen wir zumindest wie wir heißen.

Sprechen Sie Menschen daher bewusst mit ihrem Namen an, zum Zeichen dafür, dass Sie sie kennen und er-kennen.

7. **Schließen Sie mit einem Lächeln ab**

   Je nachdem, wie Sie die Beziehung gestalten wollen, mehr oder weniger akzentuiert.

   BEDENKEN SIE: ein im Lächeln geöffneter Mund hellt das ganze Gesicht auf, die Augen ziehen sich automatisch nach oben.

   Wenn Sie also nicht als die gestrenge Führungskraft auftreten wollen, lächeln Sie (zumindest ansatzweise), um Ihre Ausstrahlung zu verstärken. Das heißt nicht, dass Sie dauergrinsen sollen! Setzen Sie das Lächeln als bewussten „Gesichtsaufheller" ein, um der Situation, dem Gespräch eine leichtere Note zu verleihen.

Wenn Sie mit diesem bewussten Auftreten beginnen, nehmen Sie sich davor immer einen Moment für sich allein – auf der Toilette zum Beispiel. Es ist wichtig, dass Sie selbst „synchronisiert" sind, dass Körper und Geist in dieselbe Richtung schwingen, um andere mit Ihnen zu synchronisieren. Bedenken Sie: Sie wollen der dominante Rhythmus im Raum sein.

Üben Sie diese Art des Auftretens und Aufeinander-Zukommens jeder Gelegenheit! Sie werden den Unterschied in Ihrer eigenen Präsenz schnell spüren und die Menschen werden auf Ihre Ausstrahlung anders reagieren.

Auch eine schwere Tür

hat nur einen kleinen Schlüssel nötig.

Charles Dickens

Denken Sie immer daran: Einfachheit, Einfachheit! Das, was funktioniert, ist einfach und naheliegend. Hüten Sie sich davor, Einfaches zu verkomplizieren. So wie die Schülerin, die das Offensichtliche für zu einfach hält und daher „ums Eck denkt", die falsche Antwort wählt und erfolglos bleibt, so werden Sie mit der Verkomplizierung der einfachen Regeln menschlicher Beziehungen keinen Erfolg haben.

Wenn Sie sich darüber klar sind, was Ihnen wichtig ist, wählen Sie im Umgang mit anderen immer das Naheliegende.

Das ist Authentizität.

WOCHE 8: VERBALE SYNCHRONISATION

Reden ist säen -

Schweigen ist ernten

Laotse

Ein wunderschönes, passendes Zitat von Laotse. Jeder Akt der Kommunikation ist eine Einladung an die Empfänger und Empfängerinnen Ihrer Botschaft. Ganz egal, wie Sie etwas ausdrücken, welche Botschaft Sie senden, sie ist mit Saatgut vergleichbar. In dieser Woche wollen wir uns darauf konzentrieren, gutes, ertragreiches Saatgut auszubringen. **Damit das wächst, was Ihnen wichtig ist.**

Rufen wir uns das Prinzip der Synchronisation in Erinnerung: Menschen, die sich auf derselben Wellenlänge befinden, verhalten sich ähnlich, ja sogar gleich (dieselben Bewegungen), denken und sagen im selben Moment dieselben Dinge ("Telepathie"), ziehen dieselben Schlüsse, kleiden sich in ähnlichem Stil.

In Woche 7 haben wir uns mit den wichtigsten Mitteln der non-verbalen Synchronisation beschäftigt: Stil, Haltung, Blick, Mimik, Gestik. In Woche 8 wenden wir uns den verbalen und para-verbalen Mitteln der Synchronisation zu. Und ja, Sie haben richtig erkannt: hier geht es um ganz bewusste Beeinflussung von anderen. Es geht darum, Ihr Saatgut auszubringen, auf dass es reiche Frucht trage.

Betrachten Sie diesen Bauern für einen Moment und versetzen Sie sich in ihn hinein. Er hat bereits jetzt eine klare Vision davon, was aus dem Saatgut werden wird, das er ausbringt. Er weiß jetzt schon, was er damit tun wird – welchen Sinn dieses Saatgut erfüllen wird. Wenn er das nicht mit solcher Klarheit wüsste, würde er sich die Mühe vermutlich nicht machen. So aber wählt er den richtigen Zeitpunkt, die richtige Art des Säens und den richtigen Boden, damit das Korn gedeihen möge.

Und genau so ist es in Ihrem Fall:

Spätestens heute ist Ihnen klar, was Sie erreichen wollen, wenn Sie zu anderen sprechen, welchen Sinn Ihre Worte haben, welche Vision Sie damit verwirklichen wollen. Wenn Sie dies nicht wissen, wenn Sie die Notwendigkeit nicht spüren, dann brauchen Sie auf das Säen keine Energie verschwenden. Dann ist alles gut, so wie es ist.

8.1 Grundprinzipien verbaler Synchronisation

Gerade beim Thema „verbale Synchronisation" – im Alltagsgebrauch einfach „Rhetorik" genannt, kommt die Doppelmoral des Menschen so richtig zum Ausdruck. Jeder verschmäht „Verführung", „Manipulation" und „schwarze Rhetorik". Aber gleichzeitig gibt es wohl keinen Trainingsbereich, der seit so langer Zeit mit solcher Nachhaltigkeit gebucht wird. Und zwar weltweit. „Wirksame Kommunikation/Rhetorik/Public Speaking/Verhandlungstechnik/..." wollen alle beherrschen, die glauben etwas zu sagen zu haben.

Und siehe da:

Die Prinzipien wirksamer Kommunikation sind dieselben wie die Prinzipien der Manipulation.
Es kommt eben immer darauf an, was man daraus macht.

Ganz egal, welche charismatische Figur Sie zum Beispiel nehmen: sie sind alle Meister und Meisterinnen der wirksamen Kommunikation.

Sehen wir uns also an, welche Prinzipien jene Menschen kennen und befolgen, die Sie als überzeugend erleben:

8.1.1 Gefühl versus Logik

Menschen, die es schaffen, eine tiefe Verbindung mit anderen herzustellen, sind bedacht darauf, zu deren Gefühl zu sprechen. Sie „packen" andere also eher bei deren Werten, Bedürfnissen und Glaubenssätzen als bei der Logik.

Barack Obama wird immer wieder als jener Politiker zitiert, der die Wahlen vor allem durch seine Redegabe gewonnen hat. Der es quasi aus dem Nichts in die erste Reihe geschafft hat. Wir haben auch ein heimisches Beispiel: Jörg Haider. Eine absolut kontroversielle Figur, ein Charismatiker auf jeden Fall. Noch heute wird er von vielen verehrt, trotz aller Versäumnisse, die erst nach seinem Tod offenkundig wurden. Noch heute fasziniert seine Redegabe.

Martin Luther King favorisierte die emotionale Sprache genauso wie Donald Trump, Nelson Mandela oder Hitler. Und der Brillenverkäufer, bei dem ich mich letzthin wider alle Logik und wider alle besseren Vorsätze hinreißen habe lassen, meiner Tochter nach nur einem Jahr des Nicht-Tragens eine neue Fassung für ihre Brille zu kaufen, auch er hatte Gefühl über Logik gestellt.

Diese Gegenüberstellung ist banal und unangemessen, meinen Sie? Meine Antwort ist: **universelle Prinzipien sind immer banal, ganz einfach weil sie einfach (!) und überall anwendbar sind.**

Menschen, die zu Ihnen vordringen und Sie damit in ihre Richtung beeinflussen, tun das deshalb, weil Sie das Gefühl haben, dass sie Sie in Ihren Bedürfnissen erkennen und dort abholen. Und weil das heute schon so selten vorkommt, weil sich niemand mehr die Zeit zu nehmen scheint, andere verstehen zu wollen, sind wir umso dankbarer und letztendlich treuer, wenn es uns denn einmal passiert.

Erinnern Sie sich an die Anfänge dieses Buches und die Grundprinzipien des Mensch-Seins: wir sind soziale Wesen und wollen dazugehören. Deshalb passen wir uns an. Deshalb suchen wir nach Indikatoren unserer Zughörigkeit. Und einer dieser Indikatoren ist Anerkennung, das Gefühl „gesehen zu werden".

Ja, es ist ein zweischneidiges Schwert. Ob Positives oder Negatives durch seine Verwendung herauskommt, liegt einzig und allein in der Persönlichkeit des Benutzers.

Also bei Ihnen.

Aber wie können Sie nun die Gefühle, die Einstellungen, die Werte-Haltungen in jemandem ansprechen?

Ohne hier ein Rhetorik-Seminar abbilden zu wollen, möchte ich Ihnen doch die wichtigsten Werkzeuge vermitteln – jene, die Sie immer wieder, nicht nur bei Präsentationen sondern im täglichen Gespräch nützen können, um eine Verbindung zum anderen herzustellen.

Wieder sind wir bei unserer Blockbuster-Metapher: das Aufregendste, das Inspirierendste und das Mitreißendste ist, wenn uns jemand eine (spannende) Geschichte erzählt – aber noch spannender ist es, unsere eigene Geschichte erzählen zu dürfen. Unser Leben ist im Grunde nichts anderes als eine Geschichte. Zu Geschichten finden wir sofort einen Draht, weil wir unsere eigenen Geschichten mit der Geschichte des anderen vergleichen, in Beziehung setzen, unser „Heldentum" mit dem der anderen messen.

1. Die erste Möglichkeit, das Gegenüber auf der Gefühlsebene zu erreichen, ist also **nach seinen Geschichten zu fragen oder direkt daran anzuknüpfen**.

Zum Beispiel so:

- Ihr Schreibtisch ist immer so schön aufgeräumt. Mir scheint, Sie sind ein ziemlich organisierter Mensch. Liegt das bei Ihnen in der Familie oder haben Sie sich das irgendwie angeeignet?
- Ja, ich glaube, ich kann gut nachvollziehen, was Sie meinen. Ich hatte damals eine ähnliche Situation... und da war das wirklich immer der schwierigste Teil.
- Mhm, darf ich fragen, woran Sie diesen Bedarf genau festmachen? Also was für Sie den Ausschlag gegeben hat, hier einen realen Bedarf zu sehen?

Sie erkennen, dass es nicht um speziell gefühlsbetone Inhalte gehen muss. Ausschlaggebend dafür, dass wir auf die Ebene von Gefühlen, Werten, Haltungen und Einstellungen kommen, ist die Bitte, zu erzählen. Gerade im letzten Fall könnten auch harte Fakten auf den Tisch kommen, aber durch die Art der Frage wird der andere automatisch an seine Werte geführt, die hinter der Entscheidung stecken. Denn Fakten können immer interpretiert werden. Es kommt nur auf die Basis der Interpretation an, also auf die dahinterliegenden Werte.

2. Die zweite Möglichkeit ist, **unsere nuancenreiche deutsche Sprache „reich" einzusetzen** und sich die Mühe zu machen, sie in vollem Umfang zu nutzen.

In der Volksschule lernen wir die Zusammensetzung von Sätzen und meist werden in dieser Phase noch Hauptwörter durch Eigenschaftswörter und Zeitwörter durch Adverbien ergänzt, um die Sprache vielfältiger und ausdrucksstärker zu machen. Manchen fällt dies leichter als anderen. Grundsätzlich aber kann jeder alles, zu dem er oder sie einen gefühlsmäßigen Bezug hat – das heißt, was für ihn oder sie von Bedeutung ist – mit einem reicheren Wortschatz kommunizieren.

Auch hier ist also das Naheliegende das Richtige, wenn wir Menschen gefühlsmäßig erreichen wollen – das heißt, wenn wir sie nicht kalt lassen wollen: wir geben unseren Aussagen eine emotionale Bedeutung durch die Verwendung von Adjektiven, Adverbien und Metaphern.

- „ich sehe schwarz"
- „er hat immer noch eine rosa Brille auf"
- „dieses Thema ist ein rotes Tuch"
- „er benimmt sich wie ein Pfau"
- „dramatische Einbußen"
- „das ist wie ein Marathon – wir konzentrieren uns immer nur auf den nächsten Schritt"
- „das ist ein echter Kuhhandel"

- „wir sitzen gemeinsam in diesem Boot“
- „ich möchte, dass wir hier rasant vorwärtsgehen“
- „dieser Zug wird nicht ohne uns abfahren“
- „so ruhig, wie Sie das sagen, steigert das bei mir schon die Zuversicht“
- „Die Sache ist in etwa so unterschiedlich wie ein Urlaub am Strand und einer in den Bergen. Beide sind großartig, aber das, was Sie jeweils machen werden, ist ganz anders. Und das heißt, die Bedürfnisse dahinter sind ganz andere. Wenn Sie ans Meer fahren: warum tun Sie das? Was suchen Sie dort?“

Im letzten Beispiel haben Sie die Verknüpfung von bildhafter Sprache und dem Erzählen-Lassen.

Nichts ist für jemanden so nachhaltig wirksam wie das, was er/sie selbst gesagt hat UND die Wiederholung des Gesagten durch Sie.

Und das ist das wahrhaft Paradoxe: obwohl Sie eine bestimmte Sache vorantreiben möchten, obwohl es im Gespräch oder In Ihrer Rede um Ihre Vision geht, müssen Sie den anderen in den Mittelpunkt stellen.

Um selbst zur Leitfigur zu werden, müssen Sie dem anderen den Platz des Helden einräumen.

3. Und hier schließen wir nahtlos an die dritte Möglichkeit an, jemanden gefühlsmäßig zu erreichen: **indem Sie mit seinem/ihrem Vokabular sprechen**

Wir haben schon beim Thema „Rhythmus" über die verschiedenen Sinneskanäle gesprochen, über die wir uns einerseits die Welt präferenziell erschließen und andererseits uns ihr auch vermitteln. Diese Kanäle zeigen sich uns selbst und anderen durch den Gebrauch entsprechender Worte. Wenn Sie aufmerksam sind, erkennen Sie den präferenziellen Kanal Ihres Gegenübers und unterstützen das gegenseitige Verständnis, indem Sie ganz bewusst auch seine Worte verwenden.

Ein paar Beispiele:

Visueller Kanal	...ich *sehe...* ...sich *Überblick* verschaffen... ...die Zuständigkeiten sind *glasklar* verteilt...
Auditiver Kanal	... ich *höre* aus... .... noch nicht *verstanden* haben... ... es *klingt* so... ... ebenso wenig *Antworten*....
Kinästhetischer Kanal	...ich *spüre* in Ihrem Verhalten... ... noch nicht *begriffen* haben... ...*drängt* sich mir der *Eindruck auf*... ...sich *erwärmen* können...
Olfaktorischer/ Gustatorischer Kanal	...das *riecht* geradezu nach... ...dass wir eine *Kostprobe* Ihrer Kompetenz bekommen... ... diese Sache *schmeckt* mir nicht...

Auch diese Worte sind deshalb so wirksam, weil sie sich eben an der Logik „vorbeischummeln" hinein in unsere eigene Erlebniswelt.

Da Gefühle universell sind, Logik jedoch individuell, können wir uns nur auf einer emotionalen Ebene mit dem anderen einschwingen.

„Charisma" ist nicht rational.

Und noch einmal möchte ich Ihnen die Angst davor nehmen, die nur deshalb existiert, weil uns die negative Auslegung dieser Macht stärker im Gedächtnis haftet wie all die positiven Beispiele: **es geht darum, sich selbst zu öffnen und den anderen als den GANZEN MENSCHEN zu sehen, nicht nur als rationale Figur an einer Position.**

8.1.2 Optimismus versus Pessimismus

Menschen mit Ausstrahlung fesseln uns, weil alle eines gemeinsam haben: eine durchgehend positive, pro-aktive Sichtweise ihrer selbst und des Lebens im Allgemeinen. Sie sind Träger und Trägerinnen von „Hoffnungsenergie". Sie sehen, der Kreis schließt sich.

Eine positive, pro-aktive Sichtweise bedeutet nicht, realitätsfern zu sein, sondern Dinge mit dem positiven Selbstvertrauen anzupacken, dass sie zum eigenen Wohle und auch zum Wohle aller gestaltet werden können.

Madeleine Albright dazu auf dem World Business Forum in New York (Sept. 2008): *„I rather choose a* ***CONFIDENT*** *president over a* ***CERTAIN*** *president"*. Was heißt schon "Sicherheit" in unserer vernetzten, komplexen Welt? So etwas wie Sicherheit gibt es nicht. Es gibt nur das Vertrauen in uns selbst, wie Phönix aus der Asche immer wieder neu zu erstehen oder noch bevor alles niedergebrannt ist, den sogenannten "dritten Weg" zu finden, jenen Weg, der jenseits von richtig oder falsch verläuft und uns zu ganz neuen Lösungen bringt.

Das Prinzip des Optimismus dient weniger dem *Herstellen* von Synchronisation, sondern ***erleichtert*** diese Verbindung zwischen Ihnen und anderen Menschen vielmehr, weil diese durch Ihren Optimismus ihre Barrieren fallen lassen oder zumindest niedriger stellen.

Regeln der positiven Kommunikation:

- kommunizieren Sie Dinge immer aus der Sicht des Möglichen - also was getan werden kann oder wird und nicht, was nicht geht, wo die Probleme liegen
- wenn Sie keine Lösung haben, geben Sie das offen zu und laden die anderen zum Mitdenken ein – auch das Eingestehen der eigenen Grenzen in Zusammenspiel mit dem Mut, sie zu überwinden, verleiht Ihnen nicht nur Sicherheit, sondern lässt Sie auch souverän wirken

8.1.3 Leidenschaft: das Feuer in der Seele entzünden

Nur wer für eine Sache brennt, kann auch in anderen ein Feuer entzünden.

Uns ist allen klar, dass wir überzeugend sein können, wenn wir für etwas brennen. Die Kunst ist, diese Überzeugungskraft, diese Präsenz und Ausstrahlung, die aus der Leidenschaft kommt, auch dann zu entwickeln, wenn wir gerade nicht über das sprechen, was uns so stark beflügelt. Die Kunst ist, Leidenschaft zu fühlen und zu zeigen, selbst wenn wir uns in Situationen befinden oder für Dinge eintreten müssen, die uns nicht wirklich begeistern, die aber sehr wohl zu unseren Aufgaben gehören.

Je überzeugender wir überall selbst mit Emotion dabei sind, desto stärker das Bild, das andere von uns bekommen.

Nun, das sagt sich leicht, mögen Sie nun einwenden. Sie haben Recht. Als Selbständige mache ich nur Dinge, die mich mit Leidenschaft erfüllen. Buchhaltung zum Beispiel.... Ich scherze. Tatsache ist, je mehr Sie sich FÜR etwas positionieren, desto weniger werden Sie von dem machen müssen, was Sie weniger begeistert. Aber das ist ein anderes Thema, Personal Branding nämlich.

Thema dieses Buches ist „Charisma" und daher auch die Frage, wie Sie in allen wichtigen Situationen direkt an Ihr Potential der Leidenschaft andocken können.

An diesem Punkt stelle ich meinen Coachees gerne die Frage: *„Warum haben Sie diesen Beruf gewählt?"* oder *„Warum haben Sie sich für* *diese Position beworben/haben dafür gearbeitet, dass Sie sie bekommen?“*

Wenn wir die Dinge mit etwas Abstand betrachten und an die Wurzel unseres Seins in der jeweiligen Situation gehen, dann kommen wir meist nicht umhin, wieder unsere Leidenschaft zu finden. Es wird plötzlich klar, *warum* wir hier sind oder *wozu* wir hier sind.

Das **Warum** definiert den Ausgangsgrund, eine Leidenschaft am Ursprung, von dem aus wir diesen Weg genommen haben. Das **Wozu** definiert die Vision, jenes Bild einer besseren Zukunft, für das wir diesen mühsamen Weg eingeschlagen haben, der uns momentan nicht begeistert.

Wenn wir weder das Warum noch das Wozu finden, dann ist das ein gutes Indiz dafür, dass wir fehl am Platz sind. Nur dann können wir sagen: hier komme ich nicht mehr an meine Emotionen und kann daher auch keine vermitteln.

Dies ist ein typisches Thema von Führungskräften der mittleren Ebenen. Sie haben viel Verantwortung aber wenig Spielraum. Sehr oft fühlen sie sich einfach nur eingezwängt zwischen zwei Stühlen, ohne die offensichtliche Möglichkeit, etwas zu bewegen. Die Gefahr ist: sie brennen nicht, sondern sie brennen aus.

Der Blick aus der Distanz schafft hier Abhilfe. Er hat dieselbe Wirkung wie wenn Sie eine Lupe, mit der Sie ein Bild betrachten, davon wegziehen. Sie sehen nicht mehr alle Details, aber Sie sehen das große Ganze. Sie können das Bild wieder zuordnen und in einen Zusammenhang mit den anderen Bildern bzw. mit Ihrem Leben setzen.

Denken Sie also daran: wenn Sie keine Leidenschaft für das spüren, was Sie vermitteln sollen: gehen Sie an den Ursprung – das Warum? - oder denken Sie an Ihre Vision – Ihr Wozu? - für die es sich lohnt und zu der dies hier nur ein notwendiger Zwischenschritt ist.

8.1.4 Rhythmisieren

Hier kommen wir nun zu einem Element der verbalen Synchronisation, das zugleich auch dem Feld der para-verbalen Synchronisation, also jener durch die Stimme, angehört und das alle großen Redner und Rednerinnen, ohne Ausnahme, gebrauchen: die Rhythmisierung durch Wiederholung.

Wir haben die Bedeutung des Rhythmus für uns selbst bereits im 2. Teil unter die Lupe genommen und für wichtig befunden. Nicht nur wichtig, sondern essentiell.

Synchron zu sein, „auf einer Wellenlänge" zu sein, bedeutet vor allem, im selben Rhythmus zu schwingen. Wir können das durch Musik, durch gemeinsames Klatschen, durch gemeinsames Bewegen erreichen. UND wir können dies auch, fast unbemerkt, durch die Sprache erreichen.

Sie können die rhythmische Wiederholung nutzen, nicht nur für „Reden", sondern auch in Gesprächen, bei denen es Ihnen wichtig ist, den Partner auf sich einzuschwingen.

So funktioniert es

Sie beginnen drei Sätze hintereinander mit denselben Worten, um sie dann in etwa derselben Länge, aber mit anderen Worten zu beenden.

Zum Beispiel so:

1. *Mir geht es nicht nur um unsere Kooperation,*
2. *Mir geht es nicht nur um unsere Geschäftsbeziehung,*
3. *Mir geht es vor allem um unsere Freundschaft.*

Oder:

1. *Können Sie sich noch an die Zeit erinnern, in der Sie dort die Schulbank drückten?*
2. *Können Sie sich noch an den Weg erinnern, den Sie jeden Tag zu Fuß marschiert sind?*
3. *Können Sie sich vorstellen, dass das alles für immer weg, ausradiert, erloschen sein soll?*

Dieses Beispiel hat natürlich zusätzliches Drama in sich durch die Verwendung bildhafter Sprache, durch das bewusste Lenken der Gedanken und Gefühle durch emotional aufgeladene Bilder.

Oder sogar schon in der Einleitung, um die Menschen von der ersten Sekunde an in einen gemeinsamen Rhythmus einzuschwingen:

1. *Thank you, South Carolina.*
2. *Thank you to the rock of my life, Michelle Obama.*
3. *Thank you to Malia and Sasha Obama, who haven't seen their daddy in a week.*

Barack Obama startete mit diesen Worten seine „Yes, we can!" – Rede in South Carolina.

Mit den folgenden Übungen möchte ich Sie ermutigen, sich mehr Gefühl zu erlauben und Leidenschaft zum Prinzip zu machen.

8.2 ÜBUNG 1: GEFÜHL ÜBER VERSTAND SETZEN

Ziel:

➔ eine ganz bestimmte Situation so vorzubereiten, dass Sie mit einer bestimmten Person Verbindung aufnehmen können, an der Sie bisher gescheitert sind

Was Sie dazu brauchen:

✓ Den nachstehenden Fragebogen zur Inspiration

Anleitung:

- Stellen Sie sich eine bestimmte Person vor. Eine, zu der Sie keinen „Draht" haben, die Sie offenbar nicht versteht und mit der Sie nicht oder nur schwer zurechtkommen
- Stellen Sie einen Ideenkatalog zusammen (siehe Fragebogen nächste Seite)
- Bereiten Sie sich zumindest 3 verschiedene Arten vor, wie Sie die Person beim nächsten Mal ansprechen, noch bevor Sie irgendetwas anderes, Sachliches, sagen
- Überlegen Sie dazu, wie Sie auf die Person zugehen werden: wie wird Ihr Blick sein? Wie Ihr Händedruck? Was werden Sie fühlen? Welche Worte werden Sie verwenden?
- Tun Sie es einfach bei der nächsten Gelegenheit: Übung macht den Meister

Fragen zur Person	**Mögliche Antworten**	**Wie könnte ich diese Person gefühlsmäßig „erreichen“?**
Welche Bedürfnisse könnten hinter dem Verhalten stecken, das sie an den Tag legt?	z.B.: ✓ Anerkennung ✓ Bestätigung ✓ Sicherheit	Das erste, was Sie sagen, sind anerkennende Worte: für etwas, was die Person getan hat, für ihr Aussehen, für eine Idee.... Was konkret?
Was wissen Sie aus dem privaten Umfeld der Person: was/wer scheint ihr wichtig?	✓ Familie ✓ Partner ✓ Auto ✓ Privates Engagement ✓ Urlaub ✓ Fitness ✓ ...	Leitfrage: Wie können Sie Anerkennung und Wertschätzung dafür ausdrücken?
Was kennen Sie von ihrem beruflichen Umfeld?	✓ Selbständig ✓ Führungsposition ✓ Beamter ✓ Sozialarbeiter ✓ ...	Was verrät der Beruf und die Position über das Wertesystem des Menschen? Wie können Sie Anerkennung und Wertschätzung dafür ausdrücken?

8.3 ÜBUNG 2: LEIDENSCHAFT ZUM PRINZIP MACHEN

Auch hier finden Sie oben die Theorie. Warum dieser Punkt so wichtig ist: „Leidenschaft zu empfinden" bedeutet ein bestimmtes „Energie-Level" zu haben, das höher ist als das der Umgebung.

Menschen fühlen sich dorthin gezogen, wo das höhere Energieniveau herrscht → wir schwingen uns automatisch auf den dominanten Rhythmus ein.

Ziel:

- → ein grundsätzliches Niveau von Leidenschaft entwickeln, das Sie überall hin mitnehmen können.

Anleitung:

1. Denken Sie an 1 – 3 Dinge, die Sie mit voller Leidenschaft tun.
   - Was genau ist es, was Sie hier mit Leidenschaft erfüllt?
   - Spüren Sie diesem Gefühl nach.
2. Denken Sie nun an eine Tätigkeit, die Sie nicht mit Leidenschaft erfüllt, die Sie aber auch nicht eliminieren können, sondern die zu Ihrem Aufgabengebiet gehört bzw., die Sie nicht so schnell los werden.
   - Was genau ist es, was Sie hier Ihre Leidenschaft bremst?
   - Warum genau machen Sie diese Tätigkeit?

– Wozu befähigt Sie diese Tätigkeit? (z.B.: sie ist ein entscheidender Zwischenschritt auf Ihrer Karriereleiter; sie bringt Sie mit Menschen in Verbindung, die für Sie wichtig sind/sein könnten; sie verschafft Ihnen finanzielle Freiheit, sodass Sie sich den Dingen zuwenden können, die Sie mit Leidenschaft erfüllen;...)

3. Stellen Sie sich vor, diese Tätigkeit mit derselben Leidenschaft auszuüben, mit der Sie die „echten" Leidenschaften verfolgen: was würde sich ändern? In der Art Ihres Tuns? In Ihnen? In Ihrer Umgebung?

Sehen/Spüren Sie die Veränderung?

4. Wenn Sie das nächste Mal diese Tätigkeit ausüben, rufen Sie sich diese Übung ins Gedächtnis.

Stellen Sie sich vor…

Sie könnten all das schaffen, was Sie sich je erträumt haben, wenn Sie nur zuerst das eine vollbringen:

Die Menschen zu erreichen, die momentan noch fern von Ihnen sind.

Stellen Sie sich vor, diese Menschen, die so unerreichbar scheinen, so uninteressiert, so fern der Themen, die Sie bewegen, sind genauso wie Sie.

Diese Menschen haben genau dieselben Bedürfnisse wie Sie: sie wollen dazu gehören, sie wollen einen Beitrag leisten, sie wollen wissen, dass ihr Leben Sinn macht, sie sind mit Hoffnungen und Visionen groß geworden, die sie zum Teil aufgegeben haben. Und die meisten tragen sich mit der Sorge, gerade heute ihrer Aufgabe, ihrem Anspruch, ihrem Ruf nicht gerecht zu werden.

Ganz egal auf welcher Hierarchie-Ebene jemand ist, jeder braucht den anderen, um sich selbst zu erkennen.

Helfen Sie ihnen dabei. Und Sie werden sehen, dass Sie die scheinbar Unerreichbaren berühren und das scheinbar Unmögliche Realität werden lassen.

WOCHE 9: ALLES IST IM FLUSS DAS LEBEN IN DER SPIRALE

Panta rhei

Kirchenfenster von Friedensreich Hundertwasser

©Bigstock

Die Spirale ist das Symbol des Lebens und des Todes

Die Spirale liegt genau dort, wo die leblose Materie sich in Leben umwandelt. Ich bin davon überzeugt, dass der Schöpfungsakt sich in Spiralform vollzogen hat.

Die Spirale bedeutet Leben und Tod nach allen Richtungen. Nach außen läuft sie in die Geburt, ins Leben und anschließend durch ein sich scheinbar Auflösen ins zu Große, in außerirdische, nicht messbare Bereiche.

Nach innen kondensiert sie sich durch Konzentration zum Leben und wird anschließend in unendlich kleinen Regionen wieder etwas, was wir als Tod bezeichnen, weil es sich unseren messenden Wahrnehmungen entzieht.

Die Spirale wächst und stirbt vegetativ, das heißt, die Spiralbahnen verlaufen ähnlich wie die Mäander der Flüsse nach dem Gesetz des Wachstums der Pflanzen.

Sie tut dem Ablauf keinen Zwang an, sondern lässt sich führen. Dadurch kann sie keine Fehler machen."

Friedensreich Hundertwasser

Genau das ist das „Leben in der Spirale“, das ich meine und zu dem ich Sie nun, in der letzten Woche unseres gemeinsamen Weges, einlade:

Wenn Ihr Nach-Außen-Gehen in Ihrem Zentrum, Ihrem Wesenskern, dem, was Sie für sich als „Bestimmung“ oder als „Beste Wesensform“ erachten, sicher verankert ist, dann können Sie nicht falsch gehen. Sie können keine Fehler machen. Das heißt nicht, dass es eine lineare Bewegung sein muss. Wenn Sie in Verbindung mit sich selbst sind, können Sie neugierig in die Welt gehen, Sie werden sich nicht verlieren.

Worum es geht ist: in Freiheit aus sich heraus wirksam zu werden. Darin liegt auch das Potential von „Charisma“. Charismatische Menschen nehmen wir als von Zwängen frei wahr. Diese Freiheit entspringt dem Zentrum ihres Wesens und ist als eine Kraft spürbar, der ganz natürlicher Respekt gebührt und die inspiriert.

9.1 Ihr ganz persönlicher Weg

Der Weg des Lernens, des bewussten Veränderns, des Wachsens folgt immer und überall dem gleichen Gesetz:

1. es wird eine Erfahrung gemacht – beim Lernen ist diese bewusst gesetzt
2. es werden Schlüsse daraus gezogen – beim Lernen (meist) bewusst
3. das Tun wird modifiziert, damit es das Ergebnis verbessert
4. jenes Tun, das das beste Ergebnis erzielt, wird in Routine übergeleitet

In dieser Woche schließt sich der Kreis – aber nur oberflächlich betrachtet. In Wirklichkeit beginnen Sie die Reise wieder von vorne, aber auf einer höheren Stufe.

Fragen Sie sich:

- Was, von dem, was ich in diesen 9 Wochen unternommen habe, tut mir gut?
- Was hat *mich* gestärkt?
- Wie hat sich meine Wirkung anderen gegenüber verstärkt?
- Was hat sich verändert?

Und nicht zuletzt:

- In welchen Situationen hat sich mein Gefühl der Freiheit verstärkt?

Zum Abschluss finden Sie daher einen Überblick über alle Themen und Übungen, der Sie unterstützen soll, sich die einzelnen Erfahrungen noch einmal zu vergegenwärtigen und zu entscheiden, was davon Sie übernehmen und was Sie vielleicht stärken wollen.

Zunächst aber noch zwei Übungen zur Abrundung dieses ersten 9-Wochen-Zykluses. Wir haben uns im „Kommunikationsraum" mit der non-verbalen, para-verbalen und verbalen Kraft auseinandergesetzt. Jetzt geht es darum, die „richtigen" Rückmeldungen zu sammeln, um unsere Quelle – den Geist – wiederum zu stärken und die nach oben gerichtete Spiralbewegung weiterzuführen.

9.2 ÜBUNG 1: ANERKENNUNG ZUM PRINZIP MACHEN

Sei du selbst die Veränderung,
die du dir wünschst für diese Welt.
Mahatma Gandhi

Hintergrund:

Von Beginn unseres Lebens an sind wir auf das „Wahrnehmen und Wahrgenommen-Werden" angewiesen. Wir entwickeln uns in Beziehung zu anderen und ihren Rückmeldungen auf uns und unser Verhalten.

Diese Rückmeldungen bewusst zu steuern, sie für uns in positiver Weise auszurichten und uns damit im Innersten zu stärken, war ein Leitmotiv aller Übungen in den vergangenen 8 Wochen.

Jetzt bedarf es des letzten Schrittes: es geht darum das, was Sie von anderen brauchen, um sich als wichtigen Teil dieser Gesellschaft zu begreifen, zunächst selbst zu schenken. Das Bewusstsein für Ihre eigene Kraft, das Sie in den letzten Wochen entwickelt bzw. ganz bewusst verstärkt haben, ist die Basis dafür, diese Kraft auch in anderen zu sehen und zu stärken.

Damit erst kommt ein Kreislauf in Gang, der nicht nur Sie selbst sondern auch andere fördert und stark macht. Sie schaffen sich damit ein System, das für alle reicher an „Leben" ist.

Erinnern wir uns noch einmal an meinen Vergleich mit der Ökologie:

Wenn der „Haushalt der Natur“ im Gleichgewicht ist, hat jedes einzelne Element darin seinen richtigen – und einzigartigen – Platz. Jedes Element kann genau das beitragen, wozu es in diese Welt gesetzt worden ist.

Diesen einzigartigen Platz einzunehmen, gestehen Sie sich selbst und anderen zu. Diesen einzigartigen Platz beanspruchen zu dürfen, sollte jedes Menschen Recht sein.

Ziel:

➔ Selbst die Spirale in eine bestimmte, positive Richtung zu drehen beginnen, um sicherzustellen, dass sie sich in diese Richtung weiterbewegen wird.

Anleitung:

„Anerkennung“ zum Prinzip zu machen, ist denkbar einfach und kann in zwei Ausprägungen stattfinden:

1. **Anerkennung als innere Haltung kultivieren**

   Wenn Sie nun auf jemanden zugehen, wenn Sie eine Person wahrnehmen, wenn Sie sie grüßen – sagen Sie mit Worten oder über die Augen: „**Es ist GUT, dass du da bist**.“

   Sehr oft reicht es tatsächlich, diese Gedanken nur über die Augen mitzuschicken, wenn Sie sich grüßen. **Sie werden den positiven Effekt auf sich selbst sofort wahrnehmen.**

2. **Konkretes Feedback zu spezifischen Handlungen einer Person.**

   In diesem Falle ist es wichtig, tatsächlich konkrete Handlungen zu beobachten und anzusprechen und zu sagen, warum dieses Tun so positiv ist/war. Pauschal-Anerkennung könnte sonst sogar ein negatives Gefühl auslösen, weil sie dem Empfänger suggeriert: man hat sich nicht ausreichend mit mir beschäftigt, um genau sagen zu können, was ich gut gemacht habe – man will mich mit einem Pauschal-Lob „abschasseln".

Stare.

It is the way to educate your eye, and more.

Stare, Pry, Listen, Eavesdrop.

Die knowing something.

Your are not here long.

Walker Evans

9.3 ÜBUNG 2: DIE FOLGEN IHRER VERÄNDERUNG ANNEHMEN

Hintergrund:
Sie haben sicher schon einmal den Spruch gehört: *„Pass auf, was du dir wünschst – es könnte in Erfüllung gehen!“*

Und tatsächlich ist dieser ganze Kurs eine Übung im Manifestieren eines Wunsches: des Wunsches, Ihr Charisma zu entwickeln und dadurch persönlich wirksamer zu werden.

Sehr oft stellen wir dann aber fest, dass die Realisation eines Wunsches noch einige weitere Seiten mit sich bringt, die wir vorher nicht bedacht hatten, z.B.:

- Wenn ich den Ideal-Partner gefunden habe, „verliere“ ich dennoch ein Stück Freiheit, mein Leben ganz und gar selbst zu kontrollieren und es ohne Rücksicht auf jemand anderen zu gestalten.
- Wenn ich den Top-Job bekommen habe, merke ich plötzlich, dass viele Menschen auf mich und meine Entscheidungen angewiesen sind und ich für manche so da sein muss, wie für Kinder, die Orientierung und Schutz brauchen.
- Wenn Sie Ihr Charisma entwickeln, kann es sein, dass andere plötzlich höhere Erwartungen an Sie haben.

Oft könnte sich die Erfüllung eines Wunsches als extrem anstrengend erweisen, weil unsere eingeschworenen Muster, die wir jahre-

oder jahrzehntelang als Schutz und Sicherheit gebend erfahren haben, in der neuen Situation nicht mehr passen.

Und dann liegt die Versuchung nahe, einfach aufzugeben, einfach wieder in das bewährte Muster zurückzufallen. Denn wenn es schon nicht top-befriedigend war, man wusste zumindest, was man erwarten konnte und hat sich in der Situation gut eingelebt. Es war ein Leben im Energiesparmodus.

Ziel:

➔ Dranbleiben

Anleitung:

- ✓ Kultivieren Sie eine Haltung des wohlwollenden „Betrachtens" von neuen Erfahrungen und Gefühlen, die mit der Wunscherfüllung in Zusammenhang stehen und die Sie im Moment vielleicht als unangenehm, als anstrengend erleben.
- ✓ Machen Sie sich bewusst, dass sie Begleiterscheinungen der Veränderung sind, die Sie selbst wollten.
- ✓ Es heißt nicht, dass Sie sich nicht irren und nach einiger Zeit feststellen können, dass die negativen Nebeneffekte des erfüllten Wunsches die positiven Seiten überlagern.
- ✓ Es geht darum, diese Veränderung und zusätzlichen Effekte in einer Haltung der Offenheit zunächst wahrzunehmen und aktiv daran zu gehen, das Positive darin zu suchen, indem

Sie sich vor Augen halten, dass der Wunsch ja von einem ganz dringenden Bedürfnis geleitet war.

✓ Diese „Nebenerscheinungen“ sind daher für Sie eine Chance in bestimmten Bereichen noch zusätzlich zu wachsen. Sehr wahrscheinlich fordern sie Seiten an Ihnen heraus, die Sie bisher nicht gelebt haben. Lassen Sie sich einfach einmal darauf ein, diese zu leben, stoppen Sie den Fluss der Entwicklung nicht. Beobachten Sie und üben Sie sich auch hier in maximaler Präsenz für den Moment.

Z.B. mit der Frage:

„Ist das für mich stimmig? Wenn nicht – warum nicht?“

Und wenn Sie darauf kommen, dass es eben ein neuer Zustand Ihrer selbst ist, den Sie aufgrund der Wunscherfüllung empfinden, dann versuchen Sie ihn nicht sofort in das bekannte Muster zurückzuführen, sondern überlegen Sie, welche neuen Handlungsoptionen, welche neuen Glaubenssätze zu diesem neuen Zustand passen könnten, damit er für Sie positiv wird.

Oder mit dieser Feststellung und anschließenden Fragekette:

1. *„Ich wollte das unbedingt.*
2. *Warum wollte ich das unbedingt?*
3. *Welches Bedürfnis habe ich mit diesem Wunsch erfüllt?*

4. *Und welche neuen Entwicklungsnotwendigkeiten gibt es daher für mich?"*

Machen Sie sich Ihre Ziel bewusst: sie möchten eine Entwicklung in Gang setzen, die selbstgesteuert ist.

Lassen Sie sich daher nicht von Ihren Mustern „überrumpeln", nehmen Sie sie wahr als etwas, das Ihnen in der Vergangenheit Sicherheit und Schutz geboten hat, das gut war, jetzt aber obsolet ist.

9.4 Wie sich die Spirale selbst zu drehen beginnt

Das Feedback, das Sie von anderen bekommen – direkt oder durch die Art, wie sie sich Ihnen gegenüber verhalten – nehmen Sie über Ihre Sinneskanäle auf, sie machen also körperliche Erfahrungen, die wiederum Rückmeldung an das Gehirn geben und der Geist, der alles deutet, Ihre Quelle, wird gestärkt in der Art, wie er die Realität um sich herum auslegt und kategorisiert. Wenn Sie die für Sie richtigen Botschaften aussenden, bekommen Sie auch die für Sie richtigen Antworten zurück. Moment für Moment entwickeln Sie sich und Ihr Leben in der Art und Weise, wie es für Sie sein soll.

Drehen Sie die Spirale in die positive Richtung und werden Sie zur besten Version Ihrer selbst: eine Person, die andere inspiriert und ermutigt, weil sie selbst inspiriert und mutig ist.

Stellen Sie sich vor...

Sie sind bereits da, wo Sie sein möchten: Ihre Energie ist spürbar, wenn Sie einen Raum betreten, weil Sie wissen, aus welchem Grund Sie hier sind und weil Sie dies wollen. Würden Sie es nicht wollen, wären Sie nicht hier.

Sie wissen, dass Sie Einflüssen unterworfen sind, aber Sie entscheiden, welche Sie annehmen möchten.

Sie können Menschen ruhig in die Augen sehen, furchtlos, interessiert, inspiriert. Sie nehmen wahr, was der andere mit sich trägt, welche Bedürfnisse er hat, was ihn bewegt.

Sie können diese Bedürfnisse mit Ihren eigenen Erfahrungen in Beziehung setzen. Sie können sich selbst mit dem anderen in Beziehung setzen und damit einen Möglichkeitsraum für neue Lösungen eröffnen.

Einen Raum der Ideen, der Ziele, der Hoffnung.

Sie spüren die Menschen rund um sich und Sie haben keine Angst davor. Deshalb spüren diese Sie.

Sie müssen den anderen nicht nach dem Mund reden, Sie können sagen, was Sie für richtig und wichtig halten. Sie bleiben dabei respektvoll vor der Sicht des anderen. Denn auch er hat aus seiner Sicht Recht. Trotzdem sind Sie gewillt, Führung zu übernehmen und damit Verantwortung. Weil Ihre Vision allen zugutekommt.

Sie haben Macht.
Machen Sie unbedingt das Beste daraus.

Nehmen Sie nun abschließend Ihre Antworten auf den Fragebogen in Woche 3 zur Hand und überprüfen Sie, was bereits so ist, wie Sie es haben wollten und worauf Sie noch verstärkt achten wollen.

Die Fragen in „Überblick und Dranbleiben" könnten Ihnen nützlich sein.

„Nicht die Talente,

nicht das Geschick zu diesem oder jenem

machen eigentlich

den Mann (Erg.: die Frau!) der Tat –

die Persönlichkeit ist's, von der alles abhängt."

Johann Wolfgang von Goethe

Überblick & Dranbleiben

1. Teil: Geist

Ziel:

Wachsam werden, aufmerksam und achtsam für die Sie bestimmenden Systeme und auf Sie wirkenden Einflüsse, um bewusst entscheiden zu können, was für Sie „richtig" ist. Den eigenen Möglichkeitsspielraum vergrößern.

Übungen:

Übung	**Leitfragen**
Möglichkeitsräume wahrnehmen	Was gibt es *noch*?
Erwartungen überprüfen	Erwarten Sie das für Sie Beste?
Neue Erwartungen zulassen	Haben Sie sich heute schon positiv überraschen lassen?
Vision und Zielsetzung	Warum und Wozu?
Ein Bild als Leitmotiv	Welche Qualität möchten Sie fördern?

2. Teil: Körper

Ziel:

Ihren Körper bewusst wahrnehmen, sich spüren und neue, stärkende Erfahrungen durch ihn ermöglichen

Übungen:

Übung	**Leitfragen**
Haltung zeigen	Zeigen Sie Haltung? Wozu?
Sich selbst beeinflussen	Sind Sie selbstbewusst genug, um frei zu sein?
Stimmübungen	Wie groß ist der Raum, den Sie füllen?
Spüren	Sind Sie in Ihrem Rhythmus?
Kreieren Sie Ihren Rhythmus	Sind Sie bereit, präsent zu sein und wahrgenommen zu werden?

3. Teil: Kommunikationsraum

Ziel:

Andere wahrnehmen und die Beziehungen zu ihnen ganz bewusst gestalten. Einen Eindruck hinterlassen, der Spuren hinterlässt.

Übungen:

Übung	**Leitfragen**
Mit dem Stil den Rahmen setzen	Scheinen Sie so zu sein wie Sie sind?
Synchronisation ab dem 1. Moment	Machen Sie jeden ersten Moment zu einem magischen Moment?
Gefühl über Verstand setzen	Was fühlen Sie gegenüber ...?
Leidenschaft zum Prinzip machen	Brennt das Feuer in Ihnen?
Anerkennung zum Prinzip machen	Geben Sie das, was Sie sich selbst erwarten?
Die Folgen Ihrer Veränderung annehmen	Wer sind Sie jetzt?

Literaturverzeichnis

Carney, D. R., Cuddy, A. J., & Yap, A. J. (2010). Power Posing: Brief Nonverbal Displays Affect Neuroendocrine Levels and Risk Tolerance. *Psychological Science.*

Dürr, H.-P. (28. Mai 2002). Wir erleben mehr als wir begreifen. TU Clausthal, Deutschland.

Dürr, H.-P. (2011). *Das Lebende lebendiger werden lassen. Wie uns neues denken aus der Krise führt.* München: oekom.

Förster, J. (2003). *The influence of approach and avoidance motor actions on food intake.*

Huber, J. (2016). *Es existiert. Die Wissenschaft entdeckt das Unsichtbare.* Wien: edition a.

Immergut, M., & Kosut, M. (2014). Visualising charisma: representations of the charismatic touch. *Visual Studies*, 272-284.

Kahnemann, D. (2011). *Thinking, Fast and Slow.* Farrar, Straus and Giroux.

Keirsey, D., & Bates, M. (1990). *Versteh mich bitte. Character- und Temperament-Typen.* California: Prometheus Nemesis Book Company.

Maltz, M. (2015). *Psycho-Cybernetics: Updated and expanded.* TarcherPerigee.

Riskind, J. &. (1982). *Physical Posture.*

Roam, D. (2009). *Auf der Serviette erklärt.* München: Redline Verlag.

Robertson, I. (2013). *Macht: Wie Erfolge uns verändern.* München: dtv-Verlag.

Storch, M., Cantieni, B., Hüther, G., & Tschacher, W. (2., erweiterte Auflage 2010). *Embodiment: Die Wechselwirkung von Körper und Psyche verstehen und nutzen.* Bern: Verlag Hans Huber, Hofgrefe AG.

Watzlawick, P. (1983). *Anleitung zum Unglücklichsein.* München: R. Piper & Co. Verlag.

Weber, M. (1921/22). *Wirtschaft und Gesellschaft.* Tübingen.

Wikipedia. (2016).

Nachwort

Mailand, 1998. Ich habe einen Traum

Ich steige auf einen Berg hinauf. Ich bin auf einer Höhe, auf der ich einen wunderbaren, klaren Blick über das Tal habe, das sich sonnendurchflutet unter mir ausbreitet.

Auf der anderen Seite und in angemessener Entfernung erhebt sich ein weiterer Gebirgszug, die Gipfel sind mit Schnee bedeckt. Ich sehe sie vollkommen klar.

Es ist warm, aber nicht heiß, Grillen zirpen, sanftes Summen liegt in der Luft.

Ich drehe mich um und schaue zurück auf den Weg, den ich gekommen bin, schaue auf das Tal, die Berge gegenüber, spüre die klare Luft voller Leben, und es ist alles vollkommen friedlich.

Diese Welt – meine Welt – ist vollkommen friedlich und vollkommen reich.

Und ich fühle tiefe, nahtlose Verbundenheit mit allem um mich, und eine Kraft, die jede meiner Zellen durchströmt und die aus mir hinausströmt. Ich stehe über dieser Welt und gleichzeitig vollkommen in ihr.

Grenzenlos und gleichzeitig zutiefst verbunden.

Es ist gut.

Das Einzige,

vor dem wir uns schützen müssen,

ist die Verrohung der Sinne.

Aus rohen Sinnen entstehen

zuerst Gleichgültigkeit

und dann

rohe Taten.

Martina Gleissenebner-Teskey hat Ökologie, Psychologie und Kommunikationswissenschaften an der Universität Wien studiert und war während des Studiums als Model und als Vertreterin österreichischer Umwelt-NGOs international aktiv. Die Entwicklung des Charisma-Konzepts 1996 gab den Ausschlag für ihre berufliche Laufbahn als Coach, Trainerin und Vortragende. Zusätzlich war sie fast 10 Jahre lang internationale Markendirektorin in einem Direktvertrieb. Sie ist zu den Themen Charisma, Wirksame Kommunikation und Personal & Corporate Branding für Unternehmen, Institutionen und Einzelpersonen international und viersprachig tätig.